# SCIENCE

KEXUE YUANLAI ZH...

...EXUE

...及科学知识，拓宽阅读视野，激发探索精神，培养科学热情。

# 一口气读完
# 科普经典

★ 包罗各种科普知识，汇集大量精美插图，为你展现一个生动有趣的科普世界，让你体会发现之旅是多么奇妙，探索之旅是多么神奇！

吉林出版集团

北方妇女儿童出版社

**图书在版编目(CIP)数据**

一口气读完科普经典 / 李慕南,姜忠喆主编. —长春:北方妇女儿童出版社,2012.5 (2021.4重印)
(青少年爱科学. 科学原来这样美)
ISBN 978 - 7 - 5385 - 6297 - 2

Ⅰ.①一… Ⅱ.①李… ②姜… Ⅲ.①科学普及 - 推荐书目 - 世界 - 青年读物②科学普及 - 推荐书目 - 世界 - 少年读物 Ⅳ.①Z835 - 49

中国版本图书馆 CIP 数据核字(2012)第 061602 号

## 一口气读完科普经典

出 版 人　李文学
主　　编　李慕南　姜忠喆
责任编辑　赵　凯
装帧设计　王　萍
出版发行　北方妇女儿童出版社
地　　址　长春市人民大街 4646 号 邮编 130021
　　　　　电话 0431 - 85662027
印　　刷　北京海德伟业印务有限公司
开　　本　690mm × 960mm　1/16
印　　张　12
字　　数　198 千字
版　　次　2012 年 5 月第 1 版
印　　次　2021 年 4 月第 2 次印刷
书　　号　ISBN 978 - 7 - 5385 - 6297 - 2
定　　价　27.80 元

# 前　　言

科学是人类进步的第一推动力,而科学知识的普及则是实现这一推动力的必由之路。在新的时代,社会的进步、科技的发展、人们生活水平的不断提高,为我们青少年的科普教育提供了新的契机。抓住这个契机,大力普及科学知识,传播科学精神,提高青少年的科学素质,是我们全社会的重要课题。

**一、丛书宗旨**

普及科学知识,拓宽阅读视野,激发探索精神,培养科学热情。

科学教育,是提高青少年素质的重要因素,是现代教育的核心,这不仅能使青少年获得生活和未来所需的知识与技能,更重要的是能使青少年获得科学思想、科学精神、科学态度及科学方法的熏陶和培养。

科学教育,让广大青少年树立这样一个牢固的信念:科学总是在寻求、发现和了解世界的新现象,研究和掌握新规律,它是创造性的,它又是在不懈地追求真理,需要我们不断地努力奋斗。

在新的世纪,随着高科技领域新技术的不断发展,为我们的科普教育提供了一个广阔的天地。纵观人类文明史的发展,科学技术的每一次重大突破,都会引起生产力的深刻变革和人类社会的巨大进步。随着科学技术日益渗透于经济发展和社会生活的各个领域,成为推动现代社会发展的最活跃因素,并且成为现代社会进步的决定性力量。发达国家经济的增长点、现代化的战争、通讯传媒事业的日益发达,处处都体现出高科技的威力,同时也迅速地改变着人们的传统观念,使得人们对于科学知识充满了强烈渴求。

基于以上原因,我们组织编写了这套《青少年爱科学》。

《青少年爱科学》从不同视角,多侧面、多层次、全方位地介绍了科普各领域的基础知识,具有很强的系统性、知识性,能够启迪思考,增加知识和开阔视野,激发青少年读者关心世界和热爱科学,培养青少年的探索和创新精神,让青少年读者不仅能够看到科学研究的轨迹与前沿,更能激发青少年读者的科学热情。

## 二、本辑综述

《青少年爱科学》拟定分为多辑陆续分批推出,此为第二辑《科学原来这样美》,以"美丽科学,魅力科学"为立足点,共分为10册,分别为:

1.《头脑风暴》

2.《有滋有味读科学》

3.《追寻科学家的脚步》

4.《我们身边的科学》

5.《幕后真相》

6.《一口气读完科普经典》

7.《神游未知世界》

8.《读美文,学科学》

9.《隐藏在谜语与谚语中的科学》

10.《名家笔下的科学世界》

## 三、本书简介

本册《一口气读完科普经典》收录了那些具有极高的科学性、思想性和艺术性的科普经典,浓缩了几个世纪以来科学发展的历程,涉及了当今科学的基本问题和最新进展,凝聚了人类文明进步的智力成果,回答了我们普遍关注的科学命题,让我们更深刻地了解自己,了解我们生活的世界。每一位大师都是一座丰碑,他们是精神的引领者和行为的楷模。阅读他们的经典之作,可以使我们变得深沉而非浮躁、清醒而非昏聩、深刻而非肤浅,可以使我们的人格得到提升,生命得到重塑。

本套丛书将科学与知识结合起来,大到天文地理,小到生活琐事,都能告诉我们一个科学的道理,具有很强的可读性、启发性和知识性,是我们广大读者了解科技、增长知识、开阔视野、提高素质、激发探索和启迪智慧的良好科普读物,也是各级图书馆珍藏的最佳版本。

本丛书编纂出版,得到许多领导同志和前辈的关怀支持。同时,我们在编写过程中还程度不同地参阅吸收了有关方面提供的资料。在此,谨向所有关心和支持本书出版的领导、同志一并表示谢意。

由于时间短、经验少,本书在编写等方面可能有不足和错误,衷心希望各界读者批评指正。

本书编委会

2012 年 4 月

# 目　　录

# 哥白尼：《天体运行论》

## 一、成书背景

波兰天文学家、日心说创立者、近代天文学的奠基人哥白尼是欧洲文艺复兴时期的一位巨人，他创立了日心说，指出地球不是宇宙的中心，而是同五大行星一样围绕太阳运行的普通行星，其自身又以地轴为中心自转，从而掀起了一场天文学上根本性的革命，一个运动着的地球是整个现代天文学的基石。

自古以来，天体运行对人类来说一直是个神秘莫测、变幻多端的领域。随着人类文明的发展，各国一些杰出的天文科学家相继提出了不同的推测和解释。最早的地心说是公元前 4 世纪由亚里士多德提出，公元前 2 世纪由托勒密发展起来的。地心说认为地球是固定的、不变的物体，处于宇宙的中心，地球是上帝安排的"天之骄子"。这与上帝创世说完全相符，因此被教会视为绝对真理，当时的教会的"教条"和"神学"享有绝对权力，因此这一看法在天文学领域占支配地位达千年之久，大多数人也接受了这种观点。直到哥白尼提出了他的"日心说"理论。哥白尼提出了极其重要的新观点——宇宙统一性的观点。在这以前，人们认为天体和地球是由迥然不同的材料构成，天空与大地有一条不可逾越的鸿沟，而这道鸿沟被哥白尼填平了。

1543 年，哥白尼发表了《天体运行论》一书，推翻了托勒密的地心体系，建立了日心说。《天体运行论》不仅是一本经典的科普书，而且是人类在自然科学领域中树起的第一面思想革命的旗帜，这部人类思想史上划时代的作品可以与牛顿的《自然哲学之数学原理》、达尔文的《物种起源》相提并论。它的发表，开始了人类宇宙观的新纪元，恩格斯称之为自然科学从宗教神学中解放出来的"独立宣言"。

作为近代自然科学的奠基人，哥白尼的历史功绩是伟大的。这位日心说的创立者，不仅铺平了通向近代天文学的道路，改变了那个时代人类对宇宙的认识，而且动摇了欧洲中世纪宗教神学的理论基础，他的《天体运行论》使科学从神学中摆脱出来，开创了整个自然界科学向前迈进的新时代。但是这本书长期被教皇宣布为禁书，日心学说的支持者遭受残酷惩办和镇压，意大利的布鲁诺被宗教裁判所活活烧死，杰出的物理学家伽利略被判处终生监禁。然而，通过开普勒、伽利略、牛顿等科学家的研究工作，哥白尼的学说不断得到确证和发展。漫长的历史是最好的见证，它向人们证明，哥白尼的影响是划时代的，他的科学地位是永恒的——他的"日心说"奠定了现代天文学的基础。

## 二、内容简介

从 15 世纪开始，天文学受到了社会发展的巨大推动，特别是文艺复兴运动给神学以沉重的打击，亚里士多德、托勒密的地心说作为基督教的教义已开始受到怀疑。同时，航海业的发展，也对天文学和历法等提出了新的要求。

1503 年，哥白尼从意大利留学回到波兰，任牧师职务。在工作期间，他也将许多精力倾注于天文学的研究和观测上。在哥白尼以前已有许多人对地心说提出了质疑，并且取得了天文观测中的许多科学依据，天文仪器也有了很大的改进。这无疑为哥白尼的科学研究提供了有利的条件。他利用教堂城垣的箭楼建立了一个小小的天文观测台，自制了一些观测仪器，如四分仪、三角仪、等高仪等，进行了大量的观测和计算，经过 30 年如一日坚持不懈的努力，哥白尼终于完成了他的天体运行体系，并写出了划时代的巨著——《天体运行论》。

哥白尼在交付手稿时并无书名，该书在 1543 年出版时，出版者将它命名为《关于天体旋转的六卷集》，后简称《天体运行论》。《天体运行论》共分六卷。第一卷简要介绍了日心学说的基本观点，是全书的总纲。论述了地球的运动、各星球轨道的位置、宇宙的总体结构，论证了为什么地球也是一个行星，并解释了四季循环的原因，回答了对地动说的种种责难。第二卷介绍数学原理，运用球面三角运算来说明天体的视运动。第三卷讨论地球绕太阳的运动。第四卷讨论月亮绕地球的运行。第五卷讨论五大行星的运动，并着重论述地球运行如何影响着诸行星在经向的视运动，以及如何使所有这些现象具有准确而必然的规则。第六卷继续论述行星运动，着重考虑造成诸行星在纬向偏离的那些运动，示明地球运动如何支配着这些现象，并确定它们在这一领域中所遵循的法则。该书的出版，揭示了地球只是一颗围绕太阳的普通行星，否定了"地球是上帝特意安排在宇宙中心"的宗教说教，动摇了教会鼓吹的上帝创世说的理论支柱。它对自然科学摆脱神学的羁绊以及对天文学的发展，都起了极大的推动作用。

《天体运行论》的出版引起了轩然大波，以哥白尼的日心论观点为一方，以托勒密的地心论观点为另一方展开了长期的斗争。这不只是学术上的论争，而且也是科学和神学、唯物主义和唯心主义、辩证法和形而上学两种宇宙观和两条认识路线的斗争。许多伟大的科学家为了捍卫真理而献出了生命，然而现代天文学的发展不仅证明了日心说的胜利，而且早已超越了哥白尼的学说。但这一切进步，都是从哥白尼开始的。哥白尼关于地球运动的思想，是重大的划时代的科学成果。由于日心学说对宇宙的看法与当时占统治地位的地心说完全相反，《天体运行论》的出版困难甚多。在这种情势下，哥白尼在序言中声称把这本书奉献给教皇保罗三世，希望获得他的庇护。此外，一位受哥白尼委托办理出版事宜的教士——奥西安德尔，杜撰了一篇匿名序言，声称书中的理论不一定代表行星在太空中的真实运动，只不过是为编算星历表和预测行星位置而提出的一种人为设计。由于采用这些掩护策略，这本书终于付印出版。《天体运行论》初稿曾于 1512～1516 年、1525 年

《天体运行论》英文版封面

和 1540 年做了三次重大修改。1543 年 5 月 24 日，已经双目失明的哥白尼抚摸着正式出版的《天体运行论》说："我终于推动了地球。"

哥白尼的理论的提出给人类的宇宙观带来了巨大的变革，他将科学认识天体运动的参考系中心由地球移到太阳，从而迈出了近代宇宙学研究中最困难同时也是最重要的一步。数千年来人们看惯了日月星辰东升西落的现象，托勒密的解释也正好符合人们的常识。但是哥白尼对这个看似真理的常识的深刻思考所得出的结论告诉我们，常识也可能是错误的。科学不等于常识。对习以为常的东西投以好奇的一瞥，并进行科学的分析，就有可能发现科学的真理。

## 三、作者生平

在波兰的边境、波罗的海之滨，有一个不大的渔港，是古代的一个城堡，叫弗隆堡。在城堡的西北角，有一座箭楼。这座箭楼，就是举世闻名的天文学家哥白尼观察天文的天文台，天文学史上著名的"哥白尼塔"。自 17 世纪以来，它作为天文学圣地一直保留到今天，每年有成千上万的科学工作者前来瞻仰，缅怀这位科学家为人类所做出的巨大的辛勤劳动。

1473 年 3 月 19 日，伟大的天文学家哥白尼诞生在波兰托伦城一个普通商人的家里。他幼年丧父，由舅父抚养长大。舅父路卡斯·瓦兹洛德是埃尔门兰德地区的主教，非常热心对外甥的培养，这使哥白尼从小受到了良好的教育，同时对这位天文学家的伟大事业起了很大的作用。

18 岁那年，哥白尼进了波兰的著名学府——克拉科夫大学读书。当时，这所学校是闻名全欧洲的学术中心，尤以数学和天文学著称。哥白尼在这里开始受到文艺复兴运动思想的影响。他的启蒙老师沃依捷赫·勃鲁泽夫斯基是一位著名的数学和天文学教授。这位教授虽然全盘接受了托勒密的理论，但对该体系的个别细节表示某些异议。哥白尼在勃鲁夫斯基的影响下，开始对天文学产生了浓厚的兴趣。1500 年，哥白尼作为埃尔门兰德教区的代表，前往罗马参加天主教会百年纪念的盛典。当然，对哥白尼来说，去罗马显然有着另外的目的。他在罗马足足住了一年，在这一年中，他进行了一系列的天文观测，做了多次有关数学和天文学的讲演，还同那里的天文学家们交换了不少意见。后来哥白尼在撰写《天体运行沦》的时候，采用了 1500 年 11 月 6 日在罗马观测的月食记录。

1503 年，哥白尼回到了他的祖国波兰，在黑耳斯堡任埃尔门兰德教区主教（即他舅父）的医生和秘书。公余之暇，他开始整理学习和研究天文学的成果，并写成了《天体运行论》初稿。按照当时的习惯做法，他把书中的主要内容用拉丁文写成一份类似简介的手稿，取名《浅说》，抄赠给几位可靠的朋友，引起了欧洲学术界的重视。随着观测资料的积累，哥白尼的手稿几经修改和补充，但仍然迟迟没有发表。

1512 年舅父病死，他便迁到弗隆堡居住。在弗赖堡，他买下一座箭楼，并建立了一座小小的天文台。无论盛夏或严冬，他用自制的粗劣的仪器，不分昼夜地观察天文。他不顾教会的迫害，不怕奸细、密探的监视，甚至在 1519 年波兰和条顿骑士团发生战争，城堡周围到处是危险的情况下，哥白尼仍然每天登上角楼，坚持他的天文观测工作。1514 年教皇里奥十世曾约请哥白尼及各国天文学家帮助修历，哥白尼拒绝说："必须先完成对月亮和太阳运动的研究才有可能修改历法。"他就是这样以毕生的精力，完成了对天体的观测，写成了不朽的巨著——《天体运行论》。

1516 年，教会委任他去管理远在埃尔门兰德边缘地区的两个属于教会的庄园。因此，哥白尼暂时离开弗隆堡，迁到阿勒河上游的阿伦斯登堡去居住。

在那些年代，曾经发生了严重的货币危机。哥白尼十分关心事态的发展。他认为这种情况是由封建制度所造成的。他曾经在 1519 年写了一本关于货币问题的小册子，指出："政府当局从货币贬值去谋取利益，正像农人播种廉价的坏种子去节省开支一样。"他主张要对币制实行改革，应当建立一个各国之间的"货币同盟"，发行一种货币，并将以前贬值的货币回收销毁。但是，利欲熏心的封建财主们怎肯去实行这样的改革呢？因此，哥白尼的货币理论并没有取得任何效果。

1522 年，原来的主教去世，新主教尚未产生，在这青黄不接的纷乱时期，哥白尼受命担任了六个月的埃尔门兰德教区的总管。

在埃尔门兰德，一般人都把哥白尼当作是一位医生。因为，在弗赖堡任

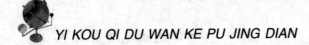
职期间，哥白尼经常利用空暇时间，免费为教区附近的贫苦农民医治疾病。据说人们都称他为"阿卡拉斯（古代希腊传说中的神医）第二"。到现在还保存着哥白尼曾经用过的那些标准医书的空白处，人们还可以看到他在当时经常使用的一些药方的手迹。

尼古拉·哥白尼（1473～1543）

1539 年春，哥白尼热情地接待一位远道来访的青年，这便是哥白尼毕生惟一的高足弟子、德意志维登堡大学的数学教授雷提卡斯。这位 26 岁的青年学者是被哥白尼学说所吸引而专程前来求教的，他原来打算在哥白尼的住所逗留半个月，可是由于师徒相处投机，有共同语言，一住就是两年多。雷提卡斯悉心研读哥白尼的全部手稿，并与他讨论了自己还弄不明白的细节。雷提卡斯到弗隆堡不到三个月，就将《天体运行论》这部书的内容写了一个概要，征得哥白尼同意之后，1540 年以《初谈》作书名发表出来。雷提卡斯打算再出续篇，这时哥白尼终于决定委托这位弟子将自己的《天体运行论》全文发表。

1543 年，经过了一番周折之后，《天体运行论》终于在纽伦堡印刷完毕，公开发行了。当印刷好的著作送到哥白尼手边的时候，他已经卧床不起了。他的生前好友吉斯在给雷提卡斯的一封信中谈到哥白尼临终的状况时说："多日以前，他已经失掉了记忆力和思考能力，他在过世的那一天、快要断气那一小时才看见他的印成的全部作品。"

1543 年 7 月 26 日，哥白尼与世长辞了。尽管他的"日心说"公布后，受到社会上宗教势力和守旧的人们的污蔑和攻击，并且对信仰宣传这一学说的人进行残酷的迫害，但是随着时间的发展，《天体运行论》这一反对宗教宇宙观的战斗檄文，不久就在天文学和意识形态的领域里引起巨大的反响，哥白尼的学说，最后终于取得了胜利。哥白尼，这颗在黑暗的中世纪夜空中出现的巨星，一直放射着璀璨的光芒，而他敢于创新、敢于革命的反潮流精神，在历史上留下了深刻影响。

# 哈维：《心血运动论》

## 一、成书背景

大凡在科学史上有所发现、有所发明、有所创造的人，都是敢于向权威挑战的人。如哥白尼就是敢于怀疑亚里士多德的理论，怀疑"地心说"，才创立了全新的"日心说"。到了 17 世纪初，又出现了一位敢于向权威提出怀疑的学者——哈维。

每一个人拥有固定量血液，人体内的血液是怎样流通的？几千年来人们一直在不断地探索。在漫长的科学发展史上，人类对自身的研究似乎比对大自然的研究更加困难。直到 16 世纪，在欧洲医学生理学界，占统治地位的仍然是从罗马时代流传下来的盖伦学说。盖伦认为血液是从右心室通过心脏中隔流入左心室的，并用想象中的各种"元气"来解释生命现象，例如肝脏产生"自然灵气"，肺产生"活力灵气"，脑产生"动物性灵气"等等。盖伦的"灵气说"获得了宗教神学的支持。哈维把帕多瓦的解剖学传统和培根所提倡的科学实验结合在一起，亲自解剖了数十种动物，系统和科学地研究了血液和心脏的运动规律，提出了著名的血液大循环理论，他找到了血液流通的途径，为人们充分了解人和动物的生理学开辟了新的途径。哈维的心脏血液循环论粉碎了以盖伦为首的根深蒂固的旧观点，今天血液在人体中循环已成为一个普遍接受的概念，这是哈维的贡献。

哈维将自己的实验结果与研究所得，写成了《心血运动论》一书，彻底

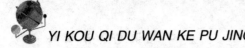
推翻与消除了盖伦的错误学说，证实了动物体内的血液循环现象，并阐明了心脏在这一过程中的作用，指出血液受心脏推动，沿动脉流向全身，再沿静脉返回心脏，环流不息。在血液循环学说的基础上，关于消化、吸收、营养、新陈代谢功能等现象得到了研究，生理学从此确立成为一门科学，哈维的这本薄薄的小册子具有伟大的科学革命的意义，为近代医学、解剖学和生理学的研究提供了新的理论基础，标志着近代生理学的诞生，同时也奠定了哈维在科学发展史上的重要地位。

## 二、内容简介

《心血运动论》是哈维最重要的著作，又名《动物心血运动解剖论》。后人也因这部作品将哈维视为血液循环理论的始倡者，它的主要内容共分17章，在正文之前有一篇导言，这篇导言的篇幅比起之后的各章内文都长。在导言中，哈维等于对当时的心脏血液理论做了研究回顾，声明《心血运动论》并不是凭空捏造或是纯粹想象创造出来的新理论，他从当时所公认的心脏和血液运行理论出发，提出理论中存在着矛盾与不确定，强调理清理论真相的重要性，并说明了他的研究方法，他的主要方法就是研究有心脏的动物，并进行活体解剖和观察来"发现真理"，而不是仅通过其他人的著述来了解心脏的作用。

在对当代理论做过批判与回顾之后，《心血运动论》正式进入了论述的部分，哈维对于心脏的运动与血液在人体中的循环，都提出清晰而连贯的说明。哈维用大量实验材料论证了血液的循环运动。他特别强调了心脏在血液循环中的重要作用，通过对猪、狗、牛、蛇、蟾蜍、蛙等不同动物的解剖观察，他证明心脏的收缩和舒张是血液循环的原动力。哈维认为，人的身体常有血液流通不已，这种运动的本原与中心便是心脏。在

《心血运动论》英文版封面

心脏收缩时，驱血到动脉中去，由此又通过"静脉"再回到心脏。这就是血液循环的完全意义。但是这种循环是双层的：一种循环是由心脏的右边，经过肺部再到左边（称为"小循环"）；另一种循环是由心脏的左边，经过身体的其余部分，再到心脏的右边（称为"大循环"）。他把心脏比作水泵，并认为心脏在人体中的地位，就像宇宙中的太阳，而太阳是宇宙的心脏，驳斥了当时流行的盖伦的脉搏呼吸同一功能论，肯定了盖伦的活体血管有血无气和动脉输热不生热的正确观点，并对其"元气说"进行了驳斥。他认为"动、静脉都只能有血无气，哪里来的元气，即使有元气也是与它分不开的；元气就是血液本身而非其他"。哈维的结论，在医学界引起了极大的惊骇，大部分医学界人士嫉妒他的新发现，而不屑于附和这种时髦学说。

哈维在《心血运动论》中还列举了大量实验事实：如用钳子夹住蛇的腔静脉，看到钳夹处静脉近心端膨大；结扎手臂观察皮下静脉，可见到静脉瓣隆起，并证明血液如何由手臂的静脉回心和静脉是从外周部分到中枢部输血的惟一通路。并借手臂静脉管壁充盈度的观察，证明静脉瓣是保证静脉血液流回心脏的重要结构。书中还用定量推理方法提出血液是循环流动的，他指出："血液借助心室搏动而流经肺、心，并压送到全身"，"大量血液沿动脉中心向外围流动，而静脉则由外围向中心流动，血量比食物所能供给者为多，同时也比身体中所需要的为多，因此必须断定血液在川流不息地运动中"。在书的第六七章，他论述了当时难以解释的肺循环，并预见"在动、静脉之间必有供渗过的小孔"，实指后世所称的微循环。

《心血运动论》不仅为现代生理学与现代医学的建立奠定了基础，同时还指出了从事自然科学的有效方法和步骤。如：对现象要小心准确地观察与描述、尝试着解释这些现象是如何产生的、对现象的说明要做对照实验、结论要基于实验的结果等。直到哈维 1657 年逝世以后的第四年，伽利略发明的望远镜被意大利马尔比基教授改制为显微镜用于医学上，观察到毛细血管的存在，才真正证实了哈维理论的正确性。哈维血液循环理论的被确认，标志着当时的科技在医学领域中的显著成就。

哈维因为他的出色的心血系统的研究以及他的动物生殖的研究，使得他

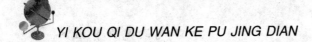

成为与哥白尼、伽利略、牛顿等人齐名的科学革命巨匠。他的《心血运动论》一书也像《天体运行论》、《关于托勒密和哥白尼两大体系的对话》、《自然哲学之数学原理》等著作一样，成为科学革命时期以及整个科学史上极为重要的文献。

## 三、作者生平

1578 年 4 月 1 日，哈维生于英国的福克斯通。小哈维聪明伶俐，16 岁考进剑桥大学，19 岁获文学学士学位。毕业后，又进入意大利帕多大学学医，毕业后获医学博士学位。就学期间，哈维一度生病回家休养。母亲请来了民间医生，当时欧洲医生治疗疾病的常用方法是"放血"。年轻的哈维在多次接受放血治疗时，产生了这样一个问题：血液为什么能不停地流出来？它在体内是怎样流动的？

在获得医学博士学位后，哈维返回了英国剑桥大学，又获得了剑桥大学的解剖学博士学位，并成为一个知名的医生。他每年都要参加几次死刑犯人的尸体解剖。每次解剖，他都要做极为详细的记录，一边观察，一边思索。随着研究的深入和资料的积累，他越来越怀疑自己原来崇拜的偶像盖伦，认为他的理论体系与事实相距甚远，长久孕育在哈维心中的反叛精神渐渐地显现出来。

血液是怎样流动的？哈维不是在书本上寻找答案，而是到自然界中去找答案。他提出了"以实验为依据，以自然为老师"的研究原则。他决心像伽利略一样，通过实验，去揭开人体血液循环的神秘面纱。哈维在不同的动物解剖中发现了同样的结果：血液由心脏这个"泵"压出来，从动脉血管流出来，流向身体各处，然后，再从静脉血管中流回去，回到心脏，这样完成了血液循环。他把这一发现写成了《心血运动论》一书，正式提出了关于血液循环的理论。为了让人们接受他的观点，证明人的血液循环也与动物是一样的，他还在人身上反复地实验。他请了一些比较瘦的容易在身上找到血管的人。他把那些人手臂上的大静脉血管用绷带扎紧，结果发现靠近心脏的一段血管瘪下去，而另一端鼓了起来。他又扎住了动脉血管，发现远离心脏的那一端动脉不再跳动，而另一端，很快鼓了起来。这证明人的血液循环完全与动物的血液循环一样。他在书上告诫人们："无论是教解剖学或学解剖学的，都应当以实验为依据，而不应当以书籍为依据；都应当以自然为老师，而不应当以哲学为老师。"

哈维在医学史上取得了巨大的成功，但他的理论因为有悖于权威的理论，这一里程碑式的著作出版后，给哈维带来的却是灾难。一些有名望的权威群起而攻之。哈维感到最为痛苦的是，他的病人也急剧地减少了，医业开始衰落。病人认为他是精神失常的医生，不信任他。哈维被讥讽为"循环的人"，这个绰号并不是由于相信血液循环理论而为他戴上的，而是这个词在拉丁文里是指"庸医"。那些在大街上卖药的小贩子，以此来辱骂哈维是江湖医生。

哈维对来自各方的攻击保持缄默，继续进行研究。由于条件所限，虽然哈维当时并没有找到动脉和静脉之间的连通途径，但他坚信总有一天会证明自己理论的正确。幸好，哈维当时是英国国王查理一世的御医，受到国王的宠幸，这才使他没有像前辈维萨里、塞尔维特那样付出生命的代价。

1643 年，哈维辞去圣巴索洛医院的职务，又告退御医职位。此时，他已是将近 70 岁的老人了。于是他又回到老家与他的兄弟们生活在一起。因为那里空气清洁、风景美丽的缘故，他便在康提建筑一夏季住所，之后常常在那里休养。

1651 年间，当他住在康提时，他的朋友恩提医生常来见面。恩提劝他将他的《动物的生殖》文稿付印。他在这本书巾讨论动物的原始状态与发展变化。他以鸡蛋的例子作为结论，其中最出色的地方，是解说新"机体"的形成。那年，他向医学专校建议，要捐款建造图书馆与集会厅，校方采纳了他的建议。1654 年 2 月 2 日，这两种建筑均竣工，哈维即正式将之交付给学校使用，并且提供了许多书籍、外科器械和解剖标本。学校为酬谢他的功劳，决定为他立一座铜像。

哈维是医生、生理学家、胚胎学家，他一生中写过大量的科学论著，但是只发表了《心血运动论》和《论动物的生殖》两本书以及几封为《心血运动论》辩护的公开信。1657 年 6 月 3 日哈维逝世，他被安葬于汉普斯特德医

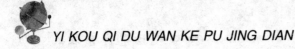

学专科学校，参加送葬者很多。1683 年 10 月 18 日，他的遗体重新安葬，放入医学专科学校所备的白云母石棺中，葬于汉普斯特德教堂。

在哈维的墓上刻着后人用拉丁文所撰的纪念词，将他一生的成就与贡献做了一番扼要中肯的总结："威廉·哈维乃是我学术界人士一致敬仰的人物，在有史数千年来，他首先发现了血液运动的真相，从而使世界得到健康，也使他自己获致不朽。惟有他使世人免于受伪学之蒙蔽，而获得真知；真正医学之建立亦全由他一手促成。他是英王詹姆士陛下与查理陛下的首席医师与挚友；他也是伦敦医学院解剖学与外科学极受尊敬、极

威廉·哈维（1578～1657）

成功的教授；他为先王建造了一座有名的图书馆，并捐赠他自己的家财使其藏书日富，规模日宏。最后，在他殚精竭虑，穷研学理，获得重大发明之后，在英国及海外均曾有仰慕他的人为他造像记功。这位伟大的医学家之师，完成了人生长途之后，于 1657 年 6 月 3 日溘然长逝，享龄 80 岁，身后并无儿女，然哈维氏之大名将永垂宇宙……"哈维是近代实验生理学的奠基人，他使生理学成为科学。他敢于冲破神圣不可侵犯的传统和权威的束缚，在斗争中确立他的新学说，这一伟大功绩将永远为后人所崇敬。

# 布丰：《自然史》

## 一、成书背景

布丰是法国启蒙运动时期的一个卓越的思想家和文学家，一向享有崇高的国际地位。他在科学上是拉马克、达尔文的前驱，在文学上与伏尔泰、孟德斯鸠、卢梭、狄德罗并驾，是一位"兼有思想天才与文笔天才"的大作家。作为18世纪法国著名博物学家、进化思想的先驱者，布丰把有机界的发展历史和地球的发展历史联系起来，把生物及其居住环境联系起来，主张生物种是可变的，竭力倡导生物转变论，并提出"生物的变异基于环境的影响"的原理。

布丰是自然科学领域的巨匠，他是第一位将自然史有系统地整理发表的科学家。所谓自然史，源自"地层是在时间中堆叠的"观念，不同的地层代表不同的地球史时期。而不同的地层中，包含的生物化石不同，表示不同的地质史时期有不同的生物群。换言之，地球上的生命也有一个发展"历史"。地球史加生命史就是自然史。1749年，布丰的《自然史》的头三册一出版，就轰动了欧洲的学术界。他从唯物主义思想出发，对自然界万物做了全面的描述。书中以"自然、科学、理性"三大特征，唤醒了被神学思想束缚已久的人们的心灵。《自然史》成为当时上层社会名流淑女的必备之书，而其中有关动物部分的描写，更启发了达尔文和法布尔，为《物种起源》、《昆虫记》等科普名篇的问世奠定了坚实的基础。

18世纪是博物学的昌盛时期，博物陈列室和植物标本展出室陆续在英国和欧洲大陆纷纷出现，当时关于自然的书籍日益受人欢迎，但是没有一本比得上布丰的《自然史》。《自然史》问世后，随即被译为十几种国家语言，在世界各地引起了广泛影响，科学界、文学界和哲学界都给予高度的评价。布丰文笔优美，因此本书不仅是智慧的科普读物，也是优美的文学珍品。阅读本书，仿佛这位两个多世纪前的智者仍在我们身边讲述他那充满真善美的哲学，与我们一起探讨宇宙及生命的神奇奥秘。

## 二、内容简介

《自然史》是18世纪法国著名博物学家布丰的得意之作。这是一部包括地球史、人类史、动物史、鸟类史和矿物史等几大部分的博物志，作者以他独有的进步思想和优美文笔对自然界做了精确、详细、科学的描述和解释，提出许多有价值的创造性建议，破除了各种宗教迷信和无知妄说。

布丰是现代进化论的先驱者之一，发表了不少的进化论观点。他不相信地球像《创世纪》所讲的那样只有6000年历史，他估计地球的历史至少是7万年；在未发表的著作中，他估计地球的年龄是50万年。他研究过许多植物和动物，也观察了一些化石，注意到不同地史时期的生物有所不同。他接受了牛顿关于作用于地球上的力学规律也适用于其他星球的论点。认为大自然应包括生物在内；自然界是一个整体，各部分相互联系、相互制约。他还指出林奈只注意到物种之间的细微差异，而没有把生物看作自然秩序的一部分。他认为物种是可变的。生物变异的原因在于环境的变化；环境变了，生物会发生相应的变异，而且这些变异会遗传给后代（获得性遗传）。他相信构造简单的生物是自然发生的，并认为精子和卵巢里的相应部分是组成生物体的基本成分，他不赞成"先成论"而支持"渐成论"。在物种起源方面，布丰做出了巨大的贡献，因此达尔文称他为"现代以科学眼光探讨物种起源问题的第一人"。

1753年，在法兰西学术院就位时，布丰发表了著名的演说，提出风格即人，倡导一种完整、优美的写作。布丰亲身实践了这种写作方法和态度，在写作《自然史》时，他通常写或口述第一遍，自己修改，让人抄下来，然后再改，如此来回多次。他的手稿一般总要修改四五遍，有的篇目甚至改过18次之多。在这样的构思和锤炼之下，布丰写就的不止是自然史说明文，也是美文。如在《夜莺》一章，他开篇即说："对于任何一个感情细腻的人来说，夜莺这个名字都会使他想起春天某个美丽的夜晚，空气清新，万籁俱寂，可以说，整个大自然凝神静思，心醉神迷地聆听这个森林歌手的鸣啭。"文章用三四百字描写夜莺的一曲鸣唱的过程，层次分明、细腻，且十分生动。

布丰将美与情感赋予动物，他认为，"兽类的完美程度要看它的情感的完美程度"。他依照人间法则，为动物安排了一个整体秩序。在这个世界中，每种动物都有个性，但显然并不平等。这种不平等不仅来自力量强弱，还来自"道德"程度。比如，马是豪迈而剽悍的动物，猪则贪婪、粗鄙；老虎、狼、秃鹫虽有勇力，但是残暴、贪婪，所以等而下之；而狮子与鹰既勇猛又慷慨，既骄傲又孤独，是天生的王者。尽管如此，它们也并非理想君王，只有天鹅凭借各种美德，它们雍容华贵，不滥用权威。如此"王道"，寄寓了布丰对君主的理想。布丰的语言丰富多变，用词精当，他笔下的动物形象生动。

虽然在写自然界，但布丰处处不忘人类，他坚持以唯物主义观点解释地球的形成和人类的起源，指出地球与太阳有许多相似之处，地球是冷却的小太阳；地球上的物质演变产生了植物和动物，最后有了人类。布丰勇于走出神学氛围笼罩的知识领域，用唯物主义的观点解释了世界的起源，曾被神学堡垒的巴黎大学神学院指控为"离经叛道"，要求给以"宗教制裁"。布丰被迫写信给神学院声明自己"无意'反驳'圣经"，后来他在《自然史》中，为了掩蔽神学家的耳目，经常抬出上帝的名字。但又悄悄地对人说："只要把这名字换掉，摆上自然力就成了。"实际上仍旧坚持他的唯物主义立场。

布丰生活的世纪正是启蒙思想广泛传播的时代。布丰顺应了这一时代潮流，并以其唯物主义思想汇入了这一潮流。他把人类的诞生看作生产斗争的结果，因此而歌颂人类的力量和智慧，表现了新兴资产阶级的进取精神。在《自然史》中他阐发了"优胜劣汰"的原则，高度评价人，认为人不仅能够改造自然，而且自身也被生命的内部活力所改变。同时认为人类之所以高于其他动物，正是因为他们有智慧、有力量。此外，《自然史》的第32～36卷为矿物自然史，囊括了前人关于矿物的大量资料，为后人留下了可供参考的文献。

布丰的博物学巨著《自然史》是一部说明地球与生物起源的通俗性作品，全书共36卷，第一卷于1749年正式出版。布丰关于物种可变性和进化论的思想，在当时有着积极的启蒙作用。

## 三、作者生平

布丰是法国18世纪的著名作家，他从唯物主义思想出发，对自然界万物作了全面的描述，以独特的文学创作，在法国文学史上占据着一席重要的地位。

布丰生于孟巴尔城一个律师家庭，原名乔治·路易·勒克来克，因继承关系，改姓德·布丰。虽然少年时期受教会学校的教育，但他十分爱好自然科学，特别是数学。20岁时就发现数学的二项式定理。1728年，他大学法律本科毕业后，又学了两年医学。1730年，他结识了一个年轻的英国公爵金斯顿，二人结伴去法国南部、瑞士、意大利旅行，这位公爵的家庭教师是德国博物学家。布丰在他的影响下开始博物学研究。1732年回巴黎以后，他刻苦钻研学问。1733年，他进入法国科学院任助理研究员，曾发表过有关森林学的报告，还翻译了英国学者的植物学论著和牛顿的《微积分术》。

1739年布丰担任御花园（今植物园）和御书房总管，他的职位使他有条件搜集动物、植物和矿物标本，并作记录。他利用御花园的条件进行博物学研究，甚至在里面养了一些动物。这种得天独厚的条件使他有可能对自然界的动物、植物和矿物做全面的描述。从1748年起，他开始写作《自然史》。在多帮东、蒙贝雅、柏克松等助手的帮助下，他每天埋头著述，数十年如一日，写出了36卷的《自然史》，其中包括"哺乳四足动物"、"鸟类"、"矿物"，附"地球理论"、"自然时代"等系列的专论。各卷中每一系列都有总论和具体的描述。1749年头三卷同时出版，1753年出版第四卷，此后各卷陆续出版。由于他的卓越成就，1753年，布丰幸运地被选为法兰西学士院院士。

本来，入选呼声很高的是诗人比隆，但法皇路易十五对比隆不满意，于是学术院临时决定选布丰补缺，这对布丰来说确实是特殊的荣誉。他热爱自己精心打造的御花园，临终前还让人扶着向御花园道别。为纪念布丰，人们在御花园为布丰建了一座铜像，献给这位"与大自然同样伟大的天才"。

布丰认为人类之所以高于其他动物，正是因为他们有智慧、有力量。布丰对自然界的描写，表达了人定胜天的思想。因此，达尔文在《物种起源》中肯定了布丰的进化论思想，称布丰为"第一个以科学精神来研究这门学科"的人。科学家拉马克和拉色白德都继承了他的学说。布丰对大自然的生动描写则源于他对自然界的仔细观察。布丰对自然界万物的描述对法国作家有很大的影响。比如，米什莱的《鸟》、《虫》、《海》、《山》等著作写丰富多变的自然景观，列那尔的《自然记事》注重捕捉动物的瞬间情趣，法朗西

布　丰（1707～1788）

斯·蓬热的《物象录》在对自然界的描述中寄托了自己的理想。

布丰是一个追求文学风格的作家，他潜心钻研古代演说家的雄辩，为求恢弘和崇高，这在当时并不多见。他翻译过牛顿的《微积分》并为之写了长篇序言。他还爱读英国作家理查德逊的作品，因为作品具有"伟大的真实性，并且因为他对描写的一切事物都曾经仔细观察"。在进入法兰西学术院的著名演讲中，他提倡言之有物，说真心话，批评当时一些作家单纯追求辞藻，而内容空洞的文风。提出"风格即人"这一名言，正确地指出了文章风格和人的个性之间的关系。他自己写作时一丝不苟、反复推敲，非常认真。此外，他的语言丰富多变，用词精当。比如，读了布丰描写的孔雀羽毛、夜莺歌声、燕子飞行姿态，我们不得不佩服他驾驭语言的卓越才能。

布丰是"物种起源说"的先驱，也是首位提出"地质史划分时期"以及太阳与彗星碰撞而产生行星的"演变说"的学者，因此注重科学实事的作风，以及试图建构一套知识体系与学说，是他留给后世最重要的遗产。

# 达尔文：《物种起源》

## 一、成书背景

从最古老的单细胞到有着复杂生命结构与思维的人类诞生，在漫长的 30 多亿年生命行进征程中，形形色色的生物从出生到灭亡，从低等到高等，究竟是何种神奇的力量推动着生物的进化发展呢？19 世纪，就在人们对生命演进机理持不同见解的各门各派展开激烈论战、争论不休的时候，一个划时代的人物出现了。自古以来众说纷纭、莫衷一是的进化论思想终于在 19 世纪英国伟大的博物学家达尔文手中形成了具有无可争议的说服力的体系：生命只有一个祖先，因为生命都起源于一个原始细胞的开端；生物是从简单到复杂、从低级到高级逐步发展而来的，生物在进化中不断地进行着生存斗争，进行着自然选择。

达尔文的进化学说是人类对生物界认识的伟大成就，它在推动现代生物学的进展方面起了巨大的作用。马克思和恩格斯都曾给予很高的评价。恩格斯认为达尔文的进化学说是 19 世纪自然科学的三大发现之一。从达尔文以后，世界就不同了，他揭示了自然界的一个伟大秘密，给当时世人带来了前所未有的震撼。

达尔文的进化论思想集中体现在《物种起源》一书中，1859 年达尔文出版了这部书，这部被誉为"源自生物学领域却影响了全人类思想的巨著"在欧洲乃至整个世界都引起了轰动。《物种起源》第一次把生物学建立在完全科学的基础上，以全新的生物进化思想，犹如一道惊雷划破长空，震醒了人们长期被宗教神学禁锢的思想，彻底推翻了上帝造物论和物种不变论。在生物学领域、思想界以及农业生产和园艺实践中都产生了划时代的巨大影响，标志着进化论的正式确立。

《物种起源》英文版封面

如今，《物种起源》所提及的许多观点已成为人尽皆知的常识，达尔文的生物进化论后来不断地得到发展。《物种起源》一书成了生物学史上的经典著作，达尔文因此而名垂千古。

它是科学领域中的一场大革命，以至直到现在人们还是把全部生物学的历史分为达尔文以前和达尔文以后两个时期。100 多年前，达尔文的思想改变了人们对世界的看法，100 多年来，他的思想影响了一代又一代的人。《物种起源》作为一座丰碑，经典永存！

## 二、内容简介

1859 年 11 月 24 日，对于英国伦敦是很不平凡的一天。在这一天，众多市民涌向一家书店，争相购买一部刚出版的新书，使这部书的第一版 1250 册在出版之日即全部售罄。这部轰动一时的新书就是《物种起源》，是进化论的奠基人达尔文的第一部巨著。这部著作的问世，第一次把生物学建立在完全科学的基础上，以全新的生物进化思想推翻了"神创论"和"物种不变"的理论。

伟大的著作源于伟大的思想，《物种起源》的成功并不是偶然获得，它首先得力于达尔文超前的思想，这也是每个给人类思想带来巨大变化的杰出人物的共同品质。在 19 世纪的欧洲，尽管资本主义有了相当的发展，人们的思想也早已因文艺复兴的兴起而向前迈了一大步，人们虽然未曾公开反对神学对于生物起源的最初解释，然而却在心里画了一个大大的问号。此时此刻，只差一个具备足够的学识和足够胆量的人，公然站出来担负起用更加符合事

实的理论来敲碎套在人们思想上的神学枷锁的使命。达尔文扮演了这个角色。19 世纪上半叶，由于资本主义生产的急剧扩大，探险活动也越来越频繁。一些自然科学家参加了探险活动，这在客观上为自然科学的发展创造了有利条件。达尔文有机会亲自参加了环球的航海探险，加上长期地从事饲养动物、栽培植物的实践，达尔文在生物学领域里进行了一系列科学的总结，终于完成了完整的生物进化论学说。而《物种起源》一书则是达尔文创立生物进化学说的标志。他用《物种起源》将旧有的神学理论敲得粉碎，以至后人将《物种起源》称为"一部将上帝驱逐出生物界的伟大著作"。

　　《物种起源》的全名是《论借助自然选择（即在生存斗争中保存优良族）的物种起源》。书中除卷首的"历史概述"和"导言"外，共分 15 章。这部著作不但以大量的科学事实论证了生物是进化而来的，而且还提出了"自然选择学说"来说明生物为什么会进化，很有说服力，为科学进化论奠定了基础，在学术界产生了巨大而深远的影响。

　　在本书中，达尔文以无法数计的翔实资料和严密的逻辑推理论证了"遗传"、"变异"、"物竞天择，适者生存"等观点。达尔文根据大量的观察、实验结果及地质研究材料，得出两个结论：其一是物种在世代繁衍生殖过程中会发生变异。亲代的大部分特征会遗传给子代，但子代与亲代并不是完全一样，而是有所差异，即后代在继承先代中有变化，代代如此，积少成多，引起生物类型的改变，并且这种改变是逐渐演变的过程，过去的生物跟现有的生物很不相同但又有联系。其二是旧物种灭绝新物种产生是自然选择的结果。一切生物都必须为生存和繁衍后代而进行斗争，这就是生存斗争。一是生物体与自然环境、气候条件的斗争；二是生物体之间争夺生存资源的斗争，斗争结果是"物竞天择，适者生存"，旧物种淘汰，新物种产生。生物的生存和繁衍后代都要遵循自然选择的规律，而且由于器官功能的分化和生存条件的复杂化，生物体在自然选择的长期作用下，必然导向进步性发展，必然导向由低级向高级、由简单到复杂的发展。人类同其他生物一样，也是自然选择长期发展的产物，而不是上帝创造的。这种理论如同火山爆发一样震撼了全世界。

由于《物种起源》既提供了生物进化的充足证据，又合理地阐明了生物进化的机制，且用自然选择的学说合理和科学地说明生物的多样性和适应性，从而有力地打击了唯心主义的特创论和目的论利用生物的多样性和适应性长期宣扬的上帝有目的的创造生物的论点，这是唯物主义世界观的伟大胜利。革命导师马克思和恩格斯，对《物种起源》做了高度评价。恩格斯在《物种起源》出版后仅十多天，便怀着喜悦的心情，写信告诉马克思："我现在正在读达尔文的著作，写得简直好极了。目的论过去有一个方面还没有被驳倒，而现在被驳倒了。此外，至今还没有过这样大规模的证明自然界的历史发展的尝试，而且还做得这样成功。"一连几个月，马克思和他的朋友们不谈别的，净是谈论达尔文及其进化论。因为达尔文的进化论，为马克思主义学说提供了有力的自然科学依据。

《物种起源》的自然选择理论是自然科学史划时代的里程碑，也是生物学进化论的奠基之作，它不仅开创了生物学发展史上的新纪元，使进化论思想渗透到自然科学的各个领域，在克服机械唯物主义自然观上起了巨大的作用，而且引起了人类思想领域的重大变革，在世界历史进程中有着广泛而深刻的影响。

## 三、作者生平

查尔斯·罗伯特·达尔文是 19 世纪英国最伟大的科学家，他创立的生物学进化理论不但改变了生物科学的面貌，而且变革了人们的科学观念。从此，有机自然界消灭了神迹，进化的思想开始取代僵化的、固定不变的自然观。

达尔文 1809 年 2 月 12 日生于英国希罗普郡，他的祖父伊拉斯谟·达尔文曾经是 18 世纪英国著名的医生和博物学家，发表过《动物学》等多种生物学著作，也是进化论的先驱之一。达尔文的父亲罗伯特也是一位有名的医生，母亲苏珊娜是著名瓷器收藏家韦奇伍德的女儿。达尔文在希鲁斯伯度过了他的童年和少年时期，儿时的他并没有过人的聪颖之处，倒是有着一种喜爱观察自然事物、努力寻求理解的独特个性。8 岁那年他被送进了一家教会学校，但他对圣经故事一点也没有兴趣，倒是喜欢在河边钓鱼、上树摸鸟蛋，还喜欢搜集杂七杂八的物品。进入希鲁斯伯里中学后，他依然不喜欢学校里的教育，倒是迷上了打猎和养小动物，功课却很一般，因此中学未毕业父亲让他到爱丁堡学医。但达尔文完全没有学医的才能，由于不忍心看无麻醉的手术惨状，读了两年又自动停学。父亲看他对医学确实没有兴趣，便决定让他学神学，以便将来能有一个体面的职业。1828 年，达尔文进了剑桥大学的神学院，这里的神学课程比起爱丁堡来更加乏味，但为了通过学位考试，不得不钻研那些神学著作。而这些著作的逻辑力量也确实使他相信了《圣经》上的上帝创世说，但不久他就发现他对神学其实也不感兴趣。他再次向父亲提出不学神学。但老达尔文岂能一次次依了这位没有出息的儿子。于是达尔文更加不好好学习，整天跟一些纨绔子弟一起赛马、打猎、酗酒，他自己后来也承认"在剑桥的三年是完全浪费了"。

达尔文生活的转折是结识亨斯罗教授。经他推荐，达尔文以博物学家的身份参加了贝格尔舰的环球考察。达尔文说："参加贝格尔舰的航行是我一生中最重要的一件事，它决定了我的整个事业。"1831 年 12 月 27 日，贝格尔号从英国普利茅斯港起航，先是南下非洲，从非洲西海岸西渡南大西洋，到达巴西；又从巴西南下绕过麦哲伦海峡到达南美洲西海岸的利马和加拉帕戈斯群岛；再从加拉帕戈斯群岛横渡太平洋去新西兰和澳大利亚；由澳大利亚穿越太平洋经过好望角再次回到巴西，然后从巴西直接回国。在 5 年的环球考察中，他通过观察到的大量事实，使他确信长期自然力的作用才是造成地球表面地质变化的真正原因，地质变化中并没有什么神的创造力量。而南美洲现存生物和化石古生物的地质联系，加拉巴戈斯群岛各岛屿上同种生物的各种差异，澳大利亚生物物种同欧洲比较的特异性质……更使他越来越怀疑上帝创造物种、物种绝对不变的正确性。这期间达尔文采集了数以千计的动物、植物、化石、矿物和岩石标本，写下了几十本日记和笔记，不仅获得了丰富的经验知识，而且

查理·罗伯特·达尔文（1809~1882）

冲破了特创论思想的牢笼，为创立生物进化学说打下了基础。

回到英国后，达尔文已经成了一个训练有素的博物学家，他的举止言行都不再是一位无所事事的小青年。他一方面整理5年的旅行日记和搜集的动物资料、地质资料，撰写了《贝格尔号航行期间的博物研究和地质研究日记》、《贝格尔号航行中的地质学》，主编了《贝格尔号航行中的动物学》；另一方面，又加紧搜集有关物种变异的材料，思考物种理论问题。1838年10月偶然阅读马尔萨斯的《人口论》，触发他找到了久久思考而不决的物种进化的机制，这就是自然选择。确立了自然选择原则，生物界的各种巧妙的适应现象，不同地域同种生物的各种差异等看似不可思议的问题，都迎刃而解了。但达尔文没有急于公布自己的发现，他又做了大量的材料搜集和长期的细致思考。从1837年7月记第一本有关物种变异的笔记算起，到1859年10月1日校改完《物种起源》清样止，达尔文为建立进化学说花了整整22年的时间。

1859年11月24日达尔文出版了生物学史上划时代的巨著《物种起源》。由于学界事先已知道这本书的写作情况，均等待着该书的出版，结果新书问世的第一天，初版1250本就被全部抢购一空。《物种起源》的发表，犹如一颗重磅炸弹投入平静的水面，顿时掀起了巨浪狂涛。身穿黑道袍的教士，信奉特创论的学者，为传统观念所束缚的科学家，对《物种起源》及其作者发起了狂暴的围攻。大主教威尔伯弗斯和欧文等精心策划，准备在牛津科学大会上重温居维叶战胜圣提雷尔和拉马克的美梦，一举剿灭生物进化学说。谁知却被赫胥黎、胡克等驳得体无完肤。达尔文的进化学说以大量确凿的事实和缜密的推理，争取到了越来越多的科学家的赞同和支持。正像金斯说的："达尔文单凭真理和事实的力量，正在到处获得胜利，像洪流那样势不可挡。"

进行科学研究是达尔文生活的最大乐趣。达尔文进行科学工作的基本特点是，一切假说、理论都建立在大量可靠事实的基础之上。因此，他一生都无比勤勉地进行观察和搜集事实。在他临终的前一天下午，还抱病作了实验观测记录。达尔文为后人留下了无比宝贵的精神财富。

1882年4月19日，这位伟大的生物学家在家中与世长辞了。他被安葬在威斯敏斯特大教堂牛顿的墓旁，这无疑是盖世殊荣。

# 法布尔:《昆虫记》

## 一、成书背景

他是博物学者、诗人、散文家、生物画家、优秀教师、科普书作家，南法古城阿尔勒封他为"普罗旺斯诗人"，雨果称他为"昆虫的荷马"，进化论之父达尔文赞美他是"无与伦比的观察家"，众多头衔似乎都可用来形容法布尔这位 19 世纪的法国昆虫学家，但都不足以概括他的奇特成就、他一生的传奇性，以及 100 多年来世人对他的多样评价。

提到法布尔，一般人先想到的是"昆虫学家"这个头衔，他以文学手法、日记体裁写作的 10 巨册《昆虫记》，以其瑰丽丰富的内涵，影响了无以数计的科学家、文学家与普通大众，唤起人们对万物、对人类、对科普的深刻省思，并在世界各地担负起对昆虫行为学的启蒙角色，因此，该书早已被公认为跨越领域、超越年龄的不朽传家经典！

一个人耗费一生的光阴来观察、研究"虫子"，已经算是奇迹了；一个人一生专为"虫子"写出 10 卷大部头的书，更不能不说是奇迹；而这些写"虫子"的书居然一版再版，先后被翻译成 50 多种文字，直到百年之后还会在读书界一次又一次引起轰动，更是奇迹中的奇迹。没有哪个昆虫学家有法布尔那么高的文学修养，没有哪个文学家有法布尔那么高的昆虫学造诣。《昆虫记》堪称科学与文学完美结合的典范，不论是在法国自然科学史上，还是文学史上，《昆虫记》都占有很高地位。它记载的情况真实可靠，详细深刻；文笔精练清晰，所以深受读者欢迎。

《昆虫记》各卷一经出版，不但在法国赢得了众多的读者，即便在欧洲各国，在全世界，也赢得了众多读者的青睐。这部影响整个世界的经典著作，从出版迄今，已有数十种版本，横跨几个大洲，纵贯两个世纪，经历百年仍是一座无人逾越的丰碑，被誉为"昆虫的史诗"。

## 二、内容简介

《昆虫记》是法国杰出的昆虫学家、文学家法布尔耗费毕生心血著成的一部昆虫学的传世佳作，这套以法文写作、字数多达400万字的巨著，主要记录了法布尔一生对昆虫行为的研究与观察成果，字里行间流露出严谨的科学研究态度与实验精神，其中还穿插了昆虫、土地、人文、历史有关的典故，以及法布尔对自身的人生价值与哲学思考，可说是跨科学与文学领域的经典作品。

法布尔是第一位在自然环境中研究昆虫的科学家，《昆虫记》是他以毕生的时间与精力，详细观察了昆虫的生活和为生活以及繁衍种族所进行的斗争，然后以其观察所得记人详细确切的笔记，最后编写成书。《昆虫记》法文原名为"有关昆虫的回忆录"，全书共10册，每册包含若干章，每章详细、深刻地描绘一种或几种昆虫，展示了蜘蛛、蜜蜂、螳螂、蝎子、蝉、甲虫、蟋蟀等昆虫的生活场景。在法布尔的笔下，昆虫的筑巢造窝、捕猎采蜜、交友婚恋、生儿育女、生杀拼死等场面，无不妙趣横生，令人忍俊不禁。法布尔是以一个诗人的赤子之心，悲悯之心看待与人类比邻而居的昆虫世界，而且，使用的叙述语言也是诗性的。《昆虫记》从片断来说是抒情诗，从整体来说则是无愧于《伊利亚特》和《奥德赛》的辉煌的虫类史诗。

法布尔的10大卷《昆虫记》通篇充满了人文色彩。作为一个博物学者，他的著作严整，自成系统，大大扩展了前人观察和论述的领域，然而，他却声言对那类纯粹描述昆虫学没有太大兴趣。他说他平生酷爱的是"情感昆虫学"，他所以拒绝为一般学者所钟爱的无所不包的"系统"，显然是担心那类来自集体的被抽象出来的"规律性"或"平均数"将掩盖以致扼杀个体生命的原生态。他采用的研究方法，也不是相关的知识的累积和演绎，而是田野实验的方法、观察的方法。这种方法完全建立在对生命的固有的形态的尊重上面，可以说是一种以生命为本位的方法。他反对传统学者的那种把工作停留在实验室里，使昆虫在解剖刀下变得"既可怖又可怜"的做法。应当说，就他研究中所采取人文主义式的方法本身而言，就是一场革命。

《昆虫记》英文版封面

法布尔敬畏生命与求真这两大精神贯穿了整部《昆虫记》。敬畏生命，就是以一种大生命观平等地看待人类以外的其他生命，尊重和关爱生命哪怕微小如昆虫的生命。阅读《昆虫记》我们会被法布尔对生命的敬畏之情深深感动，不自觉地追问和思考生命，学会尊重生命，去发现和感受生命之美，自觉地唤醒我们的生命意识和环保意识，珍爱地球，爱惜生命。法布尔的一生就是坚忍不拔地追求真理的一生，凡是与观察和实验的结果不相符合的理论，法布尔都会提出怀疑、驳斥和修正，因此，一部《昆虫记》就是探求昆虫的生命真相的真实记录。

法布尔把昆虫描写得那么真切、美丽、动人、活灵活现，来自于长期对昆虫生活精细的观察与研究，准确地掌握了他所描写的事物的典型特征。为了昆虫学研究，法布尔一生都在贫困中挣扎，都在与傲慢偏见做斗争，但他一点也不感到孤独。因为他有那么多的昆虫朋友，拥有广阔的昆虫世界，因此他又比谁都富有。

## 三、作者生平

1823 年 12 月 21 日，法布尔出生于法国南部阿韦龙省圣雷翁村一户贫穷农民的家中。在他 3 岁时，由于母亲要照顾年幼的弟弟，所以将他寄养在玛拉邦村的祖父母家。这里是个大农家，有许多比他年长的小孩。法布尔是个好奇心重、记忆力强的孩子，曾自我证实光是由眼睛看到的，并追查出树叶里的鸣虫是露螽。睡前最喜欢听祖母说故事，而寒冷的冬夜里则常抱着绵羊睡觉。法布尔长到 7 岁时，父母接他回家，送他进了村里的小学。1833 年，法布尔随全家迁到本省的罗德茨市后，父母安排他去了罗德茨中学读书。然而，在法布尔的整个中学阶段，法布尔家为生计所迫，几度迁居，致使他的学业无法正常进行。

勤奋好学的法布尔并没有因此而荒废学业，他抓紧一切时间自学。15 岁那年，他以公费生第一名考进亚维农师范学校，在学校住宿。由于上课内容太枯燥，他常趁自习时间观察胡蜂的螫针、植物的果实或写诗。毕业后在亚维农谋得一份教师的职位，从而开始了长达 20 余年的中学教师生涯。他一面努力任教，一面利用业余时间不知疲倦地做动植物观察记录，陆续通过文学与数学考试取得大学入学资格，并自修获得数学和物理学士学位。

1849 年，法布尔任职科西嘉阿杰格希欧国立高级中学的物理教师。面对科西嘉丰富的大自然，他开始研究动、植物，与植物学家鲁基亚一起攀登科西嘉的每座山采集植物。回到亚维农任教后，法布尔于 1854 年取得博物学博士学位，他决定终生致力研究昆虫学，他的人生就此定向航行。但是经济拮据的窘境一直困扰着这位满怀理想的年轻昆虫学家，他必须兼任许多家教与大众教育课程来贴补家用。尽管如此，法布尔还是对研究昆虫乐此不疲，利用空暇进行观察和实验。他在《自然科学年鉴》发表的长期积累的成果——《节腹泥蜂习俗观察记》，博得广泛赞赏，人们公认他不仅纠正了以往权威学者的错误，而且阐发了独到的见解，开始引起科学界人士的注意。

这期间法布尔也以他丰富的知识和文学造诣，写作各种科普书籍，介绍科学新知与各类自然科学知识给大众。由于他原本就是很受欢迎的基础教育教师，也一直怀有科普写作的理念，这份热情透过墨水瓶与博学的知识，在 30 年间蜕变出 95 本介绍各种科学新知与新式技术的书籍，包括著名的《天空》、《大地》、《农业化学入门》、《极光》等书，上通天文下知地理，极受读者喜爱。法布尔生性淡泊、不求名利，即使常因埋首于研究、举止怪异而被人嘲笑，仍然我行我素，跟许多看则追求学术成就、实则仅图声望甚至名利地位的研究者相比，有很大的不同。法布尔深明此点，在自己的著作中常常不客气地抨击那些躲在学术象牙塔内的学者，他认为当时许多研究者虽然宣称他们致力于理论思考、解剖各种动物以了解生物组织及细胞构造，其实他们根本不懂得尊重生命、不了解生命的实质意义，而生命才是生物学的最根本精神所在。法布尔这种极具个人风格的治学态度，强调任何假设必须经过实验验证和实际观察才能下结论，决不轻言含糊归纳，以及字里行间随处流露的狂热与爱好，真可说是第一流的实验科学家。他的大众自然科学教育课程也深获好评，但是保守派与教会人士却抨击他在公开场合向妇女讲述花的生殖功能，而中止了他的课程。也由于老师的待遇实在太低，加上受到流言中伤，法布尔在心灰意冷下辞去学校的教职，隔年甚至被虔诚的天主教房东赶出住处，使得他的处境更是雪上加霜，也迫使他不得不放弃到大学任教的愿望。

1871 年法布尔向他的好友、英国经济学家与哲学家米勒借了一笔钱，举家迁至亚维农北方的欧宏桔买了两亩大的一块荒地住下来。虽然这块地满是石砾且布满野草，但是法布尔非常喜欢这个自己拥有的小天地，他以普罗旺斯语称之为"荒石园"，将其视为"活昆虫实验室"。他在这里写作，观察昆虫行为，做昆虫实验。在这里，他经过 4 年努力，整理 20 余年资料写成的《昆虫记》第一卷，于 1879 年问世。此后大约每三年发行一册。

这位多才多艺的文人与科学家，前半生为贫困所苦，但是却未曾稍减对人生志趣的追求。在一篇以"荒石园"为名的文章中，法布尔以难得激昂的语气，回应外界对他的责难，并力陈他对科学与生命的深切思考，非常令人动容。

法布尔一生都致力于探索生命世界的真面目，发现自然界蕴涵着的科学真理。他不断表达对昆虫的爱，同时也表达着另一种爱——"对科学真理的挚爱"。这种爱给了他把对昆虫的兴趣变成昆虫学事业的勇气和力量。正因为他爱科学真理，所以他毕生恪守"事实第一"的首要原则；正因为他爱科学真理，所以他撰写《昆虫记》时，一贯"准确记述观察得到的事实，既不添加什么，也不忽略什么"；正因为他爱科学真理，他才把科学工作乃至一切工作的实证精神发展到极其严谨的地步：即使感到别人指出的错误有道理，他也要先通过观察实验验证一番，而后再欣然纠正自己的错误。

　　法布尔把未知世界比作处于黑暗之中的无限广阔的拼砖画面，把科学工作者比作手捉提灯照看这画面的探索者；他认为自己就是这探索者，一步一步地移动，一小块一小块地照亮方砖，使已知构图的面积逐渐增大。为认识真理而揭示真相，这成了法布尔一生的至高理想和崇高劳动，他为此感到幸福与安慰。他将一切品质和才华汇集在这种精神之下，为人类做出自己独特的奉献。

　　1907 年，《昆虫记》第十卷问世了，这时法布尔已是 83 岁高龄的老人了。家人邀请法布尔的挚友和学界好友来到"荒石园"，为他举行一次小型庆祝会。消息传出，舆论为之震动，赞扬声此起彼伏，荣誉桂冠一个个飞向老人。法国文学界以"昆虫世界的维吉尔"为称号，推荐他为诺贝尔文学奖候选人。可惜诺奖委员们还没来得及作最后决定，便传来法布尔这位"以昆虫为琴拨响人类命运颤音的巨人"与世长辞的消息。

# 房龙:《人类的故事》

## 一、成书背景

亨德里克·威廉·房龙是美国著名作家和历史学家,他始终站在全人类的高度在写作。他不是深奥的理论家,但却有自己的体系和思想,他的作品选择的题目基本是围绕人类生存发展最本质的问题,贯穿其中的精神是理性、宽容和进步,他的目标是向人类的无知与偏执挑战,他采取的方式是普及知识和真理,使它们成为人所皆知的常识,因而他的著作普遍具有历史不衰的魅力。

在美国作家中,像房龙这样能使其名字在几代中国读者头脑里留下深刻印象的并不太多。说房龙是出版界的奇迹创造者也许并不过分。在他去世之前,他的著作在欧美热销了20多个年头,销售的总数超过600万册。他一生创作甚丰,他的成名作《人类的故事》就印了32版。房龙是个伟大的文化普及者,将一本历史书写得通俗易懂也许并不难,难的是能够始终保持一种高贵而非庸俗的心态和独立不移的个性,以及对人类文明进程的远见和大局观。能否做到这点,正是一个大师与一个普通作者的区别。

对待学问和文字,房龙在坚持人文主义立场的同时,逐渐形成了一套自己的理解和表达方式,他认为:"凡学问一到穿上专家的拖鞋,躲进了它的'精舍',而把它的鞋子上的泥土做肥料去的时候,它就宣布自己预备死了。与人隔绝的知识生活是引到毁灭去的。"于是,深入浅出地将艰深枯燥的学问化作轻松风趣的精神食粮呈现给读者,成了房龙作品的显著特征。房龙多才多艺，在《人类的故事》中他还亲自将自己的大部分作品配了稚拙可爱的插图。这一切都注定房龙会是一个"人民"的作家，将对广大读者产生深刻的启迪和影响。

1921年11月，《人类的故事》一经出版立即成为最为火暴的畅销书，久居各大书店销售榜首。而房龙也因此书获得美国图书馆协会和美国儿童读物协会颁发的两枚奖章。该书以深厚的人文关照和俏皮睿智的文笔，展示了人类历史的浩荡长卷，其中有节奏明快的"大历史"叙述，也不放过任何真正影响人类文明进程的事件和细节，无论是对历史一无所知的人或是通读过浩繁巨著的专家，都可以在这本经典的通俗人类史中，获得启发和阅读快感。《人类的故事》不愧为一部"最好的人类历史教科书"。

## 二、内容简介

从第一个单细胞出现在地球上到尼罗河畔垒起金字塔，从摩西带领被奴役的犹太人走出埃及和大沙漠到耶稣殉身于十字架，从希腊人建立起辉煌的城邦文明到亚历山大将希腊文化带到最广阔的欧亚非大陆，从罗马帝国的兴亡到欧洲穿越中世纪的炼狱走向文艺复兴，从交织着光荣梦想和血腥掠夺的大航海时代到通过殖民活动而初步形成的国际大市场时代，从荷兰弃绝腓力二世的专制统治到民主之花开遍欧美，从蒸汽时代到电气时代，从中世纪的欧洲战争到凡尔赛条约的签订……在《人类的故事》中，房龙像个耐心的故事家，坐在冬夜的火炉边为我们娓娓道来。在这本书中，房龙展开了一幅非常宏大的历史画卷，让读者站在一个高塔之上，俯瞰着奔腾不息的历史之河。

房龙是一个畅销书作家，他"作为移民用并非母语的英语写作，并取得如此成功"这本身就称得上是传奇。他是名人，与他交往的又有不少名人，如罗斯福总统、爱因斯坦等。他的著作更是种类繁多，对于历史，他一直有一种偏爱，有时候甚至走进了他那个时代重大历史事件的中心舞台，第一次世界大战期间"他作为战地记者曾与死神近距离打过照面"，在第二次世界大战中"他通过短波广播向敌占区播音"，在另一条战线与纳粹德国作战！

房龙的历史书一直都以其亲切、轻松、流畅的笔触和既通俗而又深湛的

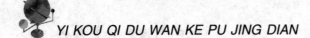

文化素养，而为全世界各阶层的广大读者所爱不释手。特别是这本《人类的故事》，更是他的所有著作中流传极为广泛的作品之一。在这部著作中，房龙用生动流畅的文字，将人类数千年的文明发展史呈现在读者的面前。与一般的学术著作不同的是，房龙对人类文明史的叙述没有流于模式，给人以公式化的呆板，而是用最通俗、最流畅的语言讲述人类文明史上最基本的知识和最精彩的内涵。房龙是一个伟大的历史学家，他的笔有种魔力和技巧，再枯燥无味的科学常识，经他一写也会令人娓娓忘倦。历史，是我们必须知道的过去，就犹如我们记忆中的一部分，是不可或缺的。在《人类的故事》中，房龙将这个记忆写得淋漓尽致且生动活泼，把记忆完整地串联了起来，令人读完茅塞顿开，对于过去、现在和未来也有新的观感。

房龙对人类文明史上的许多问题的看法也非常独特，每个读过他的著作的人都会对这一点留下很深的印象。《人类的故事》出版后，影响了当时的许多作家，特别是科普作家。

读《人类的故事》，对房龙亲手绘制的插图断不可视而不见。它们是房龙作品的一个组成部分，是文字难以替代的内容。房龙的作品不仅是用青少年都能看懂的语言讲述了成年人也同样感兴趣的内容，更重要的是他把人类文明的进步与科学技术的发展相结合来讲述，对科普宣传和创作有着深刻的影响。《人类的故事》一书中没有森严的术语体系和自以为是的学究气，没有喋喋不休的爱国主义教育和刻意追求的"客观规律"，房龙以平和舒缓的语气节奏将自己了如指掌的历史故事从容道出，就像与朋友饮茶论道一样。他的宽容姿态，他对历史人物的人性关照，对久远历史的好奇，对现代文明弊端的抨击以及对未来社会的憧憬使他的书字里行间散发出一种特有的可亲可敬的"文化人情"，可以看出，他是真正理解他所表述的所有历史故

《人类的故事》英文版封面

事的，是真正将历史放在心坎上蒸煮过的，他所奉献给读者的都是思想的精品，而不是只将一些枯燥无味的典故知识拿来兜售混饭吃。也许他写作时始终保持着一种儿童般单纯而热情的得意洋洋的情绪：看，我展示的东西是多么的吸引人啊！虽然这是半个世纪以前的作品，但今天读来仍是那样的引人入胜。

## 三、作者生平

亨德里克·威廉·房龙是世界闻名的作家，在历史、文化、文明、科学等方面都有著作，而且读者众多，被誉为伟大的文化普及者。他 1882 年出生于荷兰鹿特丹市一个珠宝商家庭里。在他幼年时，鹿特丹已开始成为"欧洲的枢纽"——世界上最大、最繁忙的人工港，悬挂各种旗帜的船只就停泊在他的家门口。房龙常常和他的舅舅到港口看那些货船，当他开始在纸片上涂鸦时，首先学会画的就是那些轮船。他画的轮船后来"航行"到了客房的留言簿上、桌布上和菜单的背面，最终成为《船舶及它们如何在海上航行》——这本书介绍了有关船的专门知识。海上的繁忙景象使他对地理学也有了基本的印象，他开始精心绘制地图。绝大多数孩子都是画到一定程度就去找别的娱乐了，但房龙把对绘画的兴趣保持了一生。

在一次参观过一个名为"大地和人类知识以及航海事务"的博物馆后，展品中的异国服饰、鸟的标本、船舶模型、印尼巴厘岛民的面具、拉普兰的玩偶……这一切一下子就激起了房龙探索整个世界的欲望。当他与"可能是生活在距今三万年的史前人类的头颅"不期而遇时，房龙受到了历史的震撼。他后来说过："我 10 岁起……想成为非常有名的历史学家的愿望就胜过了一切。"

由于数学成绩的影响曾留过一级，当房龙转到海牙的古达中学念书时，已经 15 岁了。两年后，他到佛尔斯乔顿一所名叫努尔塞伊的中学就读。他从小学时就开始学习的一项技能——拉小提琴使他成了学校娱乐活动的主角。而那迅速反击的口才和寥寥几笔就能画出一幅漫画的本领，也使同学们发现他真想让别人出丑是多么轻而易举。房龙在新学校所看重的科目（拉丁语和希腊语）的成绩在班里也是名列前茅。

1900 年，对房龙一直相当溺爱的母亲突然病逝，给他留下了大约 3 万美元的遗产。与父亲相处得不太愉快的房龙只有一个愿望，那就是逃离。房龙的舅妈萨莉是个美国人，她为房龙引荐了康奈尔大学的乔治·伯尔教授。在后者的帮助下，1902 年 7 月，20 岁的房龙乘船驶向大洋彼岸的美国，进了康奈尔大学念书。房龙和伯尔教授保持了持久的友谊，在 1939 年写的《我认识的一位圣人》中，房龙认真地追述对伯尔的敬意。

房龙大学二年级时进了法律学院。但是在他看来，他最想从事的是新闻业，学习法律只是开阔自己眼界的一种途径。康奈尔单调的校园生活很快就让房龙感到难以忍受，他在同学中以行为古怪而出名。当他认定自己在康奈尔再也忍受不下去了的时候，便揣着伯尔教授给他写的推荐信，来到哈佛学院重读二年级。可他几乎马上就对康奈尔大学产生了怀念，原因是哈佛不承认他在努尔塞伊中学的学分。于是他又打算返回康奈尔。1904 年夏天，他决定先回一趟荷兰。在回国的船上，他结识了后来的第一任妻子、来自波士顿鲍迪奇家族的名媛伊莱扎。

1905 年 6 月，房龙从康奈尔毕业。他很快在美联社谋到了一个职位，被调往华盛顿。这年俄国发生了圣彼得堡冬宫前对工人的"一月大屠杀"后，又发生了全国大罢工，动乱的俄国变成具有新闻价值的地方。美联社决定派年轻的房龙到俄国去。1906 年 6 月 18 日，房龙与伊莱扎结婚。第二天，新婚夫妇便乘船经欧洲赴俄国。

对记者房龙而言，俄国是个让他悲观的新环境。房龙只在圣彼得堡待了一个周末，就被派往莫斯科，在那里等待包括莫斯科、敖德萨和华沙在内的定点采访任务。那年夏季，莫斯科的上流人士都逃到了黑海或法国，莫斯科只有教堂、博物馆有一些稀稀拉拉的参观者，克里姆林宫里空空荡荡，戏剧和歌剧都停演了。对于一个急于证明自己的年轻记者来说，这种状况特别能挫伤他的积极性。

不久，房龙受命到华沙为美联社设点。后又重新被调到圣彼得堡，但此时他已认定，对他来说，从事新闻工作是在浪费时间。于是他去慕尼黑大学攻读博士学位。假期里，房龙到荷兰为他的博士论文收集研究资料。这篇论文是关于"革命前夜的荷兰：对 18 世纪人们心理的影响"。他用荷兰文列出提纲，在伊莱扎的帮助下译成德文，然后再度在伊莱扎的帮助下用英文重写一次。

1911 年 10 月，获得历史学博士学位的房龙偕妻子回到了美国。他在慕尼黑写的博士论文也改名为《荷兰共和国的衰亡》于 1913 年出版了，并且颇受舆论界的好评。但这本书销出不足 700 本，其中不少还是房龙自己买的。之后，房龙渐渐把目光转向了他以往忽视的纽约文艺界，并开始写书评。

第一次世界大战爆发之后，在历经从事教师等职业失败后，房龙一直致力于写作，当一位出版商有了同样的先见之明，房龙一生的转折点便到来了。这位出版商名叫霍雷斯·利弗奈特，房龙先后和他签约写了《文明的开端》、《人类的故事》、《圣经的故事》、《宽容》等。他们的合作历时 10 个年头。《文明的开端》的意外热销已经表明霍雷斯·利弗奈特独具慧眼，而《人类的故事》不仅引来书评界的一片欢呼，就连给这本书挑错儿的历史教授也不禁发出感叹：在房龙的笔下，历史上死气沉沉的人物都成了活生生的人。作为美国 20 世纪 20 至 40 年代的著名作家，房龙的作品文笔优美，知识广博，其中不乏真知灼见。枯燥无味的科学常识，经他的手笔，无论大人小孩，读他的书的人，都觉得娓娓忘倦了。他为世人留下了 30 多部作品，对后人起到了积极的指导作用，对世界科学发展史产生了较为深远的影响。

1944 年 3 月 11 日，早晨起来后，房龙把报纸拿在手里，上楼去他的浴室。正当他面对镜子时，他的心脏瓣膜突然收缩，使他一阵阵透不过气来。他撞开了浴室的门。家人听到声响跑进来时，他已瘫倒在地板上，停止了呼吸。

自 1913 年出版第一部作品直至去世，房龙这个名字总是和历史联系在一起。在他去世的当天，美国《星期日快报》刊登讣告时用了这样的标题："历史成就了他的名声——房龙逝世。"房龙把历史通俗化、个人化，将深奥晦涩的历史内容描述得令一般读者乐于接受，他使读历史成为读者的一大乐趣。

# 贾祖璋：《鸟与文学》

## 一、成书背景

贾祖璋是我国著名的科普作家、科普编辑家，是一位将科学和文学熔为一炉的科学小品的开拓者，也是最早在中国提倡自然保护的先驱者。他的作品以多姿多彩的文学形式，生动活泼地传播以生物学为主的科学知识，实现科学与文学的联姻。他的科普作高对普及科学知识，激发人们的爱国主义思想，增强民族自尊心、自信心和凝聚力，起到了潜移默化的作用。他以绚丽多彩的自然界为描述对

象，把丰富的科学知识，历史知识和文学知识融为一体，用生动的独具风格的科学小品体裁，向读者描绘了奇妙的生物世界中的种种珍闻趣事。他的科普作品因其具有严谨的科学性、优美的文学性和较高的文化积累价值，而被世人所传诵，他的许多科普名篇被选入中学和大学专科的语文课本，影响了几代读者，他的科普创作至今受到科普出版界的重视和关注。

在长达60多年的科普创作生涯中，贾祖璋创作、编译了30多种科普作品。他早年就职于商务印书馆和开明书店，从20世纪20年代开始撰写科普文章，他的科普作品集《鸟与文学》1931年首次出版后，风行一时，多次再版。泱泱中华，悠悠千古文化，历来是我们引以骄傲的精神宝库，在历史的长河中，人类的生存发展与人类所依存的自然生态是密不可分的，其中鸟类更是人们所喜爱的。在众多的文学作品中，人们常常借助于各种鸟来表达情意，使人们的思想感情的表现更加丰富、生动起来。

## 二、内容简介

中国文学从其发轫之时就与鸟兽草木有缘，翻开《诗经》，开篇即写"在河之洲"的雎鸠，而"蒹葭苍苍，白露为霜"、"桃之夭夭，灼灼其华"的诗句也为人熟知。是的，自然界的花鸟与人类生活和情感有着不可分割的关系，与中国文学结下了不解之缘，经过 2000 多年的文学的描述和人类情感的浸润，那些自然界的花、鸟无不打上了"文化"的印记，浸染了文化的意蕴。因而探讨鸟文化、花文化是一项十分有意义的工作。

贾祖璋先生的《鸟与文学》是把鸟类的科学知识（包括形态、习性、种类等）同有关文学方面的内容（包括历来的诗词、神话、民间传说等）结合起来，用作者的话说，"这是想用较有趣味的文字来写科学书"的一种"尝试"。当时发表这些文章的《自然界》杂志，辟出一个栏目叫"趣味科学"，并第一次提出了"科学小品"这一新文体的名称。因此，《鸟与文学》是我国"科学小品"这一体裁的早期创作成果。

在《鸟与文学》中，作者深入浅出地介绍了杜鹃、画眉、鹤、孔雀、鸳鸯、翡翠、燕子、大雁等数十种鸟类的名称、种类、习性、形体、饲养以及各种文学、历史与神话传说，贾祖璋先生以其丰富的鸟类知识和丰厚的文学素养撰写的《鸟与文学》，在 20 世纪 30 年代就为人称道。作者不仅以科学的态度对各种鸟儿的名称、种类、生活习性进行了详细的阐述，而且以翔实的材料从文学、文化的角度展示了"鸟文化"、"鸟文学"的斑斓图景。作者将自然科学与文学、文化有机结合，熔文学、科学与历史知识于一炉，资料丰富，叙述动人，对于增加人们知识，陶冶性情，休闲娱乐均大有裨益。

鸟在文学中是人类思想情感的化身，人们的日常生活的种种情形，无不都与鸟连在一起的。无论是乡村还是城镇，无论边关，还是高地，都有她美好的身影，如"喜鹊枝头报春来"、"子规声声催春来"，那早春的繁忙的乡村劳作情景；"旧时王谢堂前燕"，"似曾相识燕归来"等，那世事沧桑之感令人落泪；也有那"争渡，争渡，惊起一滩鸥鹭"愉悦的游玩之情；就是那其貌不扬的"乌鸦"在文学作品中都起到了很好的作用，"枯藤老树昏鸦，小桥流水人家"，真切地表现了乡村幽静的环境气氛；更有表现边关思乡情愁的"塞下秋来风景异，衡阳雁去无留意"，"泪眼盼秋水长天远际，归心似落霞孤鹜齐飞"等，鸟类就是这样，在文学艺术的长廊中占据了重要的一页。

《鸟与文学》在我国科普创作的历史上的确具有奠基性和首创性的意义。贾祖璋先生是我国科普创作事业的先驱，他的作品文理交融、富有哲理，在科学继承的基础上，辅以亲身实践，充满着务实的精神。科学家和文学家是天然的同盟军。他们从不同的立场和用不同的方法，各自而又协同地研究和描绘着绚丽多姿、五彩缤纷的大千世界。而科普作家则是兼两家之所长，融会运用逻辑思维和形象思维，生动地描绘和传播自然知识和人文精神的专家。在《鸟与文学》一书中，贾祖璋先生把科学与文学紧密地、有机地结合起来，在文中谈天说地、涉古论今、借物抒情、挥洒自如，到了炉火纯青的地步，使该书既有科学知识又有文学情趣，真正做到了科学性、思想性、艺术性的完美与统一。读《鸟与文学》，不仅让人获取丰富的有关鸟的知识，而且获得一种美好的艺术享受，这无疑显示了作者良好的文学素养。

## 三、作者生平

贾祖璋 1901 年 9 月 24 日出生在浙江海宁，他在清王朝度过了少年时代，目睹并体验了老百姓的种种苦难，深感民智未开、国家落后，皆因政治腐败、科学不昌明所致。因此，自从浙江省立第一师范学校毕业后，从 22 岁起开始科普创作，28 岁出版第一本科普读物——《鸟与文学》。

1934 年《太白》杂志开辟"科学小品"专栏，贾祖璋与周建人、顾正均等人就为这个栏目撰稿。同时，为开明书店编写了多种动植物学课本，为科学在中国的普及做了大量的拓荒工作，也就是从这时开始，贾祖璋走上了从事科普创作、编辑、翻译的艰辛道路。

1936 年贾祖璋开始期刊编辑工作，其中著名的期刊有《中学生》、《进步青年》、《旅行家》、《农村青年》、《知识就是力量》、《科学大众》、《学科学》等，这也是他献身科普事业的重要组成部分。

从 20 世纪 20 年代到 40 年代，贾祖璋以旺盛的精力，写下了大量作品。

《鸟与文学》、《生物素描》、《碧血丹心》等是这个时期的代表作。新中国成立到"文革"前，他写过一些短文，如《夕餐秋菊之落英》、《白丝翎羽丹砂顶》、《一种似蟹非蟹的动物》等。

在"文革"中，贾祖璋所在单位北京科普出版社被撤销，年已69岁的贾祖璋也被下放到福建平和县，和他的长子贾柏松在一起。当时，各类报刊多数被砸烂停刊，他不仅被剥夺了工作权，而且实际上还被剥夺了写作权。这对于一位不苟言笑、只知埋头做学问的人来说，是非常痛苦的。

身处逆境的贾祖璋，此时的心情虽说无奈，但他又不愿意虚度年华、浪费时光。他只身到野外的稻田、菜园、果园，观察植物生长、昆虫活动和鸟类繁衍的动态。同时，还大量阅读当时所能找到的科学和农技书籍，从1970年到1976年的6年间，共写了50本读书笔记。

这段时间的实践和阅读，为科学春天到来后的科普创作积累了大量的素材，也才有了荣获"新长征科普创作"一等奖的《花儿为什么这样红》，以及被选入中学语文课本的范文《南州六月荔枝丹》、《兰和兰花》、《蝉》等名篇的问世。

粉碎"四人帮"以后，贾祖璋、贾柏松父子结束了下放生活，回到了福州。在安排工作时，按贾老的本意还是到福建师范学院好，因为那里有可供他做研究的图书馆，遗憾的是该校当时没有接纳他们居住的宿舍，父子俩只好去可提供宿舍的渔业公司报到。一家人住得十分拥挤，贾老住的一间房子只能放一张床铺、一张写字台，顶到天花板的高大书架占满了有限的空间，慕名的来访者只能坐在床沿上和他谈话。

那时候物资供应很紧张，什么都要票，有一次，贾老正在用煤球炉子煮凭票买来的一点猪肉，由于忙着看一位作者送来的稿子，以致锅里的水烧干、猪肉焦味出来才发现。那位作者心中感到非常不安，贾老反而安慰他不必放在心上，然后去关上炉子，又继续看他的稿子。在贾老身上没有一点名人和大作家的架子。

贾祖璋奋斗一生，向人民奉献了大量科普作品。同时，他还曾编了10种自然、动物、植物、生物、博物方面的中、小学教科书，使几代学子从中受到启蒙教育。生活实践是贾祖璋写作的基础和源泉。贾祖璋写的科学小品，以花鸟鱼虫为描述对象，以他独到、深入的观察，细腻、精确的笔触，朴实、简练的语言，勾勒出瑰丽多彩、千姿百态的生物世界。贾祖璋毕生还酷爱书籍，他读书、编书、著书，终身与书为伍。他长年从事编辑工作的余暇，就孜孜不倦，手不释卷地阅读有关生物、文学、历史方面的书籍，从中汲取营养，积累知识，拓展思路，发掘和充实写作的素材。

贾祖璋（1901~1988）

他的许多作品，涉及人与自然、生态环境，倡导科学、破除伪科学和迷信邪说等诸多方面。在《金鱼》、《萤火虫》中批判"蚕子变金鱼"、"腐草化萤"；在《鸟类面面观》里，从分析麻雀的杂食习性与农作物的关系，判别它对人类的利害关系，其中所体现的科学的求实精神，对于今天保护生态环境、保护野生动物等，仍有现实意义和有益的启示。

为纪念贾祖璋先生在科普创作中的丰功伟绩，福建省科协、省科普作协和福建科技出版社合作编辑出版《贾祖璋全集》，让这份珍贵的遗产留传后世。人们将从贾老的著作中看到他在生物学、环境学等领域的研究成果和超前预见。同时，也将从中窥视到他实事求是的科学态度和严谨缜密的治学精神。

# 劳伦兹：《所罗门王的指环》

## 一、成书背景

奥地利动物行为学大师康拉德·劳伦兹是诺贝尔生理医学奖得主、动物行为研究的先驱者。除了学术成就之外，劳伦兹最为人称道的是他向一般大众描述动物行为的生花妙笔。《所罗门王的指环》是他的第一本通俗科学作品，流传最久，也最为脍炙人口，风行全球畅销近半个世纪，是一部老少皆宜的动物行为经典。

一般人总是对"科学家"存在着既有的刻板印象：严肃，呆板，埋首于实验室，或是堆积如山的书本中。但《所罗门王的指环》的作者劳伦兹，一个杰出的生物学家，他一反常态的行为，总令人瞠目结舌。他童心未泯，恰似卸下了全副的装备去和动物打交道，平凡中见其伟大，最自然的描述却往往能打动人心，让人动容不已。劳伦兹告诉我们，动物的行为往往有其特殊的用意，只要用心去观察，一切事物都会变得很有趣。

在《所罗门王的指环》这部动物行为经典著作里，劳伦兹以优美而生动的笔触，详尽地描述了苍鹭、黄鹂、狗、鹦鹉、戴帽猿、鳟鱼、水鸭、秃鹫、鹳鸟、鹰、燕雀、八哥、知更鸟、希腊龟、天鹅、鹌鹑、企鹅等上百种野生动物及家养动物的生活及行为习性，趣味盎然，简直就是动物上台演的一个个小品，作者不过是摄影师而已。

## 二、内容简介

据《圣经》上记载：大卫王的儿子，贤明的所罗门王能够和鸟兽虫鱼交谈。康拉德·劳伦兹的《所罗门王的指环》的书名的出处就来源于此。作者在本书一开始写道："所罗门王的事我也会，虽然我比不上所罗门王，能够和所有的动物交谈，而只能和几种我特别熟悉的动物交谈。这点我承认，但是我可不需要魔戒的帮助，这点他就不如我啦！要不是靠魔戒的力量，就算是最亲密的宠物，老国王也听不懂它在说些什么。而且，当他不再拥有魔戒时，他甚至会硬着心肠对待动物……所罗门王可能是极聪明，也可能极笨，这点我不敢说。照我看来，需要用到魔戒才能和动物交谈，未免太逊色了一点。活泼的生命完全无须借助魔法，便能对我们述说至美至真的故事。大自然的真实面貌，比起诗人所能描摹的境界，更要美上千百倍。"

《所罗门王的指环》一书的副标题是"与鸟兽鱼虫的亲密对话"，从书中可知，劳伦兹养过各式各样的动物：水蚤、棘鱼、热带鱼、鹦鹉、金雕、穴乌、乌鸦、水鸭子、水老鼠、狗、僧帽猴……为观察研究动物在自然状态下的行为，其中有一大部分是自由放养的，动物们也以他为友，能离开的不肯离开，在外面生活的时常来回访。他说："你如果想真正了解一个智力高、精力足的生物，惟一的方法就是让它自由活动。"这自然会闹出一连串令人哭笑不得而又有趣的乱子来：鹦鹉啄掉衣服的扣子、把毛线绕在树枝上；乌鸦把稿纸衔走；狗掀被子；穴乌总想喂他唾液和昆虫碎屑合成的食物；燕八哥把桌上的纸弄得满地都是；僧帽猴把台灯塞进鱼缸……他还趴在草地上用鸭子的叫声引小水鸭前进；为了不让爱记仇的穴乌认出来，不得不套上万圣节用的魔鬼服装去给小穴乌套标志环；在火车站上对天上正找他的鹦鹉猛地发出杀猪般的大叫等，这些古怪行为常把邻居或路人吓得目瞪口呆，几乎把他当成疯子。但劳伦兹认为，一切都值得。他说："人和野生动物居然能建立起真正的友谊，这种体会真使我非常快乐！"他从与动物交往的过程中，观察到了许多动物的生活习性和行为，发现了不少带规律性的东西。

为了研究那些动物，劳伦兹正式地扮演过狼的朋友、雁鹅的妈妈、穴乌的情人等这样的角色，他还告诉你这是一些有趣但并不浪漫，而且有很多苦头要吃的事情。比如当穴乌的情人，必须忍受那只爱上你的穴乌往你嘴里喂一些由毛毛虫和唾液混合成的食物；当小雁鹅的妈妈则必须每隔几分钟就得学母雁鹅叫上两声，即使夜里也得这样。

《所罗门王的指环》一书中语言的令人着迷之处在于作者的优雅和风趣。例如环境的描述，读者如同亲眼看到自然界生机勃勃的多瑙河、覆盖常春藤的小山以及绿色的荒野和中世纪的古堡，完全是散文家的手笔。叙事也不是有板有眼地那样严肃，比如说到他们出发去研究大自然中的动物，劳伦兹这样写道："如果不是因为有两个人都穿着游泳裤，而且一个人的肩上还挂着一架摄影机的话，你可能会以为这列队伍来自伊甸园呢！"

《所罗门王的指环》英文版封面

作者经历过二次世界大战，在德国军队中当军医，随军到达苏联时曾被俘，大概因为有过这段足以刻骨铭心的历史，劳伦兹在对动物和自然的观察中多次诗意地提及对自由和生命力的理解。"……正像莎士比亚说的，'带病的名花，不能与最贱的野草争妍'。我也不赞成剪花插瓶……"在对穴乌群体的观察中，劳伦兹发现"它们传递知识的方法实在太像人了，不过就另一方面来看，没有经验的幼鸟，对于某种视觉感应所生的反射作用，也实在是太盲目了。话说回来，我们人不也有这类盲目的、本能的反应吗？当我们听惯了一种宣传之后，即使是敌人的假象也会使我们怒气填膺呢！这和穴乌看到了黑的泳裤就起哄又有什么分别？要不是这样，世界也不会老有战争了。"

作为自然科学家的劳伦兹也是人文科学的狂热爱好者。在《所罗门王的指环》一书中，他在每一个章节都引用了许多著名诗人的诗句。那些满溢着出类拔萃思想的头脑包括歌德、莎士比亚、吉卜林、杰克·伦敦、柯尔律治、华兹华斯、布朗宁、丁尼生等，显然劳伦兹是读过大量文学作品的。劳伦兹无疑是一位诗意的科学家，在讲述定居在他家屋檐下的鸟类时，劳伦兹满怀深情地把那一章取名为《老家人》；说到研究一些人工很难饲养的动物的艰辛和执著了，那一章就叫《驯悍记》；而讲述远古时期胡狼和狼演变为家犬那一章，《盟约》则是他对犬的敬重态度的命名。

《所罗门王的指环》刚一出版发行，就受到了广大读者的欢迎和赞誉，赫然名列于纽约图书馆推评的 20 世纪十部最佳自然科学著作之首。从初版到现在它一直畅销不衰，风行全球近半个多世纪依旧魅力不减。

## 三、作者生平

奥地利动物行为学家康拉德·劳伦兹，1903 年出生于奥地利最美丽的城市维也纳，是世界动物行为学研究的开山鼻祖。从大学时代开始，劳伦兹便一直潜心于医学和生物学的研究并获得了博士学位。

1942 年到 1944 年，劳伦兹在德国军队中当军医，随军到达苏联时被俘，1948 年被释放后，在奥地利艾顿堡成立"比较行为研究所"。1951 年出任马克斯蒲郎克行为研究所所长，直到 1973 年才卸任。1973 生，劳伦兹与荷兰的尼考拉斯·汀伯根、当时西德的卡尔·凡·弗利施都因为对动物行为的研究而共享诺贝尔生物和医学奖。不过，劳伦兹与其他动物学者的不同在于，他认为攻击性是动物的本能，并认为攻击性也是人的本能，尤其后者。

德国的麦克斯普兰克学院为了研究行为生理学，里面养了鹅、鸭、猫头鹰等多种动物。就在那儿，康拉德·劳伦兹统治着一个小小的巴伐利亚王国，一批人就献身在这一个和平的王国里，研究动物——看这些动物在自然环境里是怎样生活、学习和交配。这儿是逃避城市喧哗和危险的好地方，劳伦兹和他的同事就在这个露天的实验室研究描绘动物的行为，充满着无拘无束与和平的田园气氛——只有那些野生实验物传来粗哑的嘎嘎声、吱吱声，才会划破宁静。这是多么动人的景象：人是如此和谐地融在自然里。但是，劳伦兹发现围绕在他周遭的人竟很难和谐地相处。他的一些有关人性的著作，以及对动物行为的广泛研究，在近几年已经相当盛行，而且得到全世界科学界的承认。但是，他的理论也在同一个时期引起了风暴般的争论。

劳伦兹退休以后，马克斯蒲郎克学会在奥地利北部的阿姆塔区为他设了一个工作站，好让他能继续为奥地利科学院的比较行为研究所做研究工作。

在这里，劳伦兹曾经进行过很多有趣的实验。如他把灰腿鹅生的蛋分作两组孵化。第一组蛋由母鹅孵育，孵出的幼鹅和母鹅生活在一起。第二组蛋在人工孵化器里孵化，幼鹅出生后不让它们看见母鹅，而是让它们最先看到劳伦兹本人。结果，这些

康拉德·劳伦兹（1903～1989)

幼鹅将劳伦兹当作母亲而形影不离地追随。如果把两群小鹅放在一起，用一个箱子将它们扣住，过一会儿再把箱子提起，受惊的小鹅朝两个方向跑：由母鹅养育的小鹅朝母鹅跑去，由劳伦兹抚养的小鹅则向他跑来。劳伦兹把幼鹅的这种学习行为命名为印记。印记指处于发育早期的幼龄动物追随生活环境中某一合适物体的学习现象。通过观察研究，劳伦兹发现除了雁鸭等鸟类，很多昆虫、鱼类和哺乳动物的幼龄个体同样具有印记学习能力。

除了在学术上的成就之外，劳伦兹最为人所称道的，是他在动物行为方面的通俗写作，著有《所罗门王的指环》、《攻击的秘密》、《雁语者》、《狗的家世》等。在他的深刻观察以及生花妙笔之下，我们身边的鸭、鹅、狗、鸟、鱼的生活全都鲜活地呈现在眼前，读者可以从中体会到科学研究的严谨和趣味，同时也对动物的友情世界及相类似的人类行为本身，产生更深一层的了解，得到心同此理之感，从而体认生命的真谛。读劳伦兹，人们完全不必有科学书籍艰深难懂的顾虑，这也许正是动物行为研究的独特奇妙之处。

1989 年，劳伦兹在艾顿堡与世长辞。

# 高士其：《菌儿自传》

## 一、成书背景

高士其是中国科普事业的先驱和奠基人，由我国紫金山天文台发现的、国际编号为 3704 号行星，就以他的名字命名。他 23 岁时因研究病菌导致脑部被病毒入侵，最终导致全身瘫痪，却以惊人的毅力创作了几百万字的科普作品，影响了无数人。

这位著名的科普作家的作品以绚丽多彩的文艺形式，生动活泼地传播科学知识，体现了科学与文学的完美联姻。《菌儿自传》是他的代表作品，在作者笔下，菌儿时而在呼吸道里探险，时而在肠腔里开会，把细菌对人类的危害和预防表现得淋漓尽致。本书一经出版，便以其生动、活泼、形象、清新、极富幽默感的叙述语言，在社会各界引起极大的震撼和广泛的影响。

《菌儿自传》把深奥的科学知识转化成生动有趣的故事。在作品中，细菌跃然纸上，与我们无时无刻不发生着密切的联系。这些拟人化的科学小品，或用细菌自述身世的手法写成，或用朴素的语言解释微生物的"衣食住行"，富有幽默感，因此拥有众多的读者，曾引领著名生物科学家陈章良等众多青少年走上科学的道路。两院院士吴阶平等数十位名人对本书的出版也给予了高度评价。

## 二、内容简介

自 1936 年起，高士其在《中小学》杂志上连载《菌儿自传》，每期发表一章，至 1937 年 8 月写完最后一章。这些文章后来编成《菌儿自传》一书，于 1941 年 1 月由开明书店出版。

《菌儿自传》全书分为《我的名称》、《我的籍贯》、《我的家庭生活》、《无情的火》、《水国纪游》、《生计问题》、《呼吸道的探险》、《肺港之役》、《吃血的经验》、《乳峰的回顾》、《食道的占领》、《肠腔里的会议》、《清除腐物》、《土壤革命》、《经济关系》15 章，生动而具体地讲述了细菌的生存状态，引人入胜。这 15 章既可以独立成篇，又可连接成全文。

书中的主人公菌儿是千千万万细菌中的一员，全书以菌儿自述的方式写成，"我是菌族里最小、最小，最轻、最轻的一种。小得使你们的肉眼，看得见灰尘的纷飞，看不见我们也夹在里面飘游。轻得我们好几十万挂在苍蝇脚下，它也不觉得重。我比苍蝇的眼睛还小一千倍，比顶小的灰尘还轻一百倍。"作者以生动的语言，形象地将细菌的籍贯、细菌的家庭生活、细菌的生活方式，细菌在人体各部位的历险一一道来。在作者笔下，菌儿是个有感情、有思想、有血有肉、性格各异的精灵，作者把它们都变成了摸得着、看得见、听得到的"人物"。

《菌儿自传》以生动活泼的形式、妙趣横生的比喻来向人们传播医学科学与公共卫生的知识、思想和精神，无疑是具有承上启下的历史意义和现实意义的。

## 三、作者生平

1905 年 11 月 1 日，高士其出生于福建省福州市的一户书香门第，他在少年时代兴趣广泛，聪慧过人，13 岁就被保送进清华大学的前身——清华留美预备学校。他用 7 年时间修完别人要用 8 年才读完的全部课程。

1925 年，高士其毕业于清华留美预备学校，入美国威斯康星大学化学系。1926 年夏，转入芝加哥化学系。后来其姐患流行性疾病去世，在深感悲痛之下，他为把人民从疾病的水深火热中解救出来，于 1927 年夏，入芝加哥大学医学研究院细菌学系，改读细菌学、公共卫生学，获得博士学位。1928 年，在一次实验中，一个装有脑炎病毒的瓶子破裂，病毒进入了他的小脑，并留

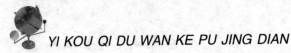
下严重后遗症，后来病情不断加重。医生劝告高士其中止学业，立即回国休养。但高士其尽管每周都要发一次病，（发病时脖颈发硬，头往上仰，眼球向上翻，两手抖动不止。）但他还是坚持研究病毒、细菌，终于完成了医学博士的全部课程。

1930 年秋天，高士其回到了阔别 5 年的祖国。这位海外游子是怀着满腔热忱归来的，而等待他的却是饥饿和失业。他曾在南京中央医院弄到检验科主任的差事，可连申请购置一台显微镜都得不到批准。后来他去了上海，住在一个窄小的亭子间，靠做翻译工作和当家庭教师来维持生活。由于经济困难，营养不良，他的病症加重了。这时，他与董纯才、张天翼、艾思奇等文化界进步人士有了往来。艾思奇把马克思主义的一些著作介绍给他，使他在艰难中看到了光明，看到了希望。他渐渐明白了一个道理：要消灭害人的"小魔王"，必须先消灭社会上的"大魔王"。从此，他便用颤抖的手拿起了笔，以此为武器，奔向擒拿大小"魔王"的战场。1933 年，他的第一篇科普作品《三个小水鬼》发表了。1935 年，他又发表了第一篇科学小品《细菌的衣食住行》。此后，他便一发而不可收，短短几年就写出了上百篇科普作品和论文，为中国科学文艺作品的诞生做出了开创性的贡献。在此期间他更改了自己的名字。本来，祖父给他起名为"高仕镇"，当他郑重地用起"高士其"这个名字时，朋友们不理解为什么要把"仕镇"两字的偏旁去掉，他认真地解释说："去掉'人'旁不做官，去掉'金'旁不要钱。"

1937 年，高士其在"八·一三"隆隆的炮声中离开上海，前往延安。1937 年 11 月，身有残疾的他终于奇迹般地来到了宝塔山下。当毛泽东同志紧紧握住高士其的手，高声说出"欢迎你，中国红色的科学家"时，他觉得一股暖流直涌心间。

在延安，高士其的生命获得了新的力量，他以更加昂扬的斗志写作、讲课，孜孜不倦地工作着。而那里的医疗条件是很恶劣的，高士其的病情日益恶化，终于全身瘫痪。组织上全力挽救他的生命，派人护送他经重庆去香港治疗。此后，他辗转流亡于九龙、广州、桂林、上海、台湾，在极为困难的环境中一方面同疾病斗争，一方面坚持创作。诗歌《黑暗与光明》、《给流血的朋友》、《我的原子弹也在爆炸》等，科学论文《自然运动大纲》、《跃进三百年序》、《天的进行曲》以及《新科学与新民主》等，都创作于这个时期。

1949年5月，在新中国诞生的前夕，高士其经香港来到北平。在融融春色中，周恩来总理亲自接见了他，并安排他住进了北平医院。10月1日，他在"隆隆"的礼炮声中来到天安门广场，参加了庄严的开国大典。后来，他这样叙述当时的心情："我能亲眼看到新中国的诞生，看到五星红旗第一次在天安门广场上升起，在全国人民胜利的欢呼声中，我的病所给我的一切痛苦，都被胜利的风吹走了。"在北平平面胡同的一套房间里，高士其开始了新的创作生活。高士其的写作方式是很特别的。他瘫痪后，不仅腿不能走路，手不能握笔，下肢僵硬脖颈歪斜，而且连说话能力也逐渐丧失，听力也很微弱。每创作一篇作品，他都要把阅读过的重要资料分析、整理，反复思考，在脑子里形成初稿。当秘书在他身旁坐下时，他便一个字一个字地口述腹稿，由秘书记下来。他说话的声音很低，发音也不清楚，秘书必须集中全部精力才听得懂。有时候遇到一个难懂的名词，他必须反复地说十几遍，或在纸上写半个多字，秘书才能领会。到后来，他干脆说不出话来，只能发出"嗯嗯"、"呵呵"的声音，得由秘书或妻子按口型"翻译"成文。就这样他一天天地都在写，每天只能写七八百字。写好之后，还要三番五次地反复修改。在差不多40年的时间里，高士其就用这种独特的写作方式创作了400多篇科普论文和科学小品、200多篇科学诗歌，汇编成20多本书，总计达500多万字。

高士其在用心血著述，在以生命创作。他的作品，每一个字都融进了科学真理、爱国激情和乐观进取的人生态度。为了搜集科普素材，他曾坐着轮椅到鞍钢、到大庆、到呼伦贝尔草原、到西双版纳丛林。即使在那寒凝大地、是非颠倒的日子里，他也不曾向恶势力屈服，继续着自己的事业。1975年1月，他趁参加全国第四届人大会议的机会，当面向周总理陈述了对科普工作的建议，粉碎"四人帮"后不久，他又向中央领导同志呈递了加强科普工作的意见书。有时，他甚至因连续创作突发急症，经医院抢救方能脱险。然而无论如何，都不能使他放下战斗的笔，都不能停止他生命的追求。他一生致力于科学普及工作，直到1988年12月19日逝世。

# 费尔斯曼:《趣味地球化学》

## 一、成书背景

阿·费尔斯曼是前苏联一位才华横溢、知识渊博、思想敏锐、成就卓著并富有开拓创造精神的天才学者，他的一生是在刻苦勤奋、追求真理的探索中度过的。这位创立地球化学的先驱者和奠基人，不仅是杰出的矿物学家、地理学家，也是位出类拔萃的科普作家。《趣味地球化学》是他的代表著作，自 1948 年问世以来，风靡全球，曾被翻译成多国语言，在世界各地家喻户晓。它征服了各个阶层的读者，鼓舞和引导世界各地的青少年走上了探索地球奥秘的征途。作为历史上真正意义的经典科普名作，《趣味地球化学》是世界上弥足珍贵的文化遗产之一。

地球是一部极其庞大而深奥的百科全书，是蕴藏无限知识的宝库，地球的演化进程就像永不停息演奏的一首交响乐。在地球化学发展初期的艰难年代里，他是一位荆棘丛生的密林中的开路者，是一盏在迷雾弥漫中引导人们前进的智慧明灯。费尔斯曼在自己研究地球的基础上，以动人的语言、奇妙的素材和新颖的构思创作了《趣味地球化学》一书，深入浅出地向人们介绍了与地球相关的完整的科学知识系统，以极大的感染力吸引读者，征服读者，以科学精神和科学方法武装读者，并激励读者为追求真理、探索科学勇往直前，对几代人的成长都有着深刻而广泛的影响。

一本好书往往会影响人的一生，一位科学家的优秀科普读物，也可能使一个人走上科学的道路，甚至创造一番惊人的事业。在《趣味地球化学》一书中，费尔斯曼渊博的自然科学、哲学、历史知识的高度融合将其独具特色的观点表现得淋漓尽致，无处不闪烁着智慧的光华。该书不仅传播了系统而丰富的科学知识，还教给我们正确的科学思维与科学方法，因此在其出版的年代引起了学术界，尤其是科普界的巨大轰动，即使在今天，该书在人类科学发展进程中仍然继续发挥着不可估量的重要作用。

## 二、内容简介

《趣味地球化学》是费尔斯曼1945年5月20日逝世后，由他的同事和学生赫洛平院士、维诺格拉多夫院士、谢尔巴科夫院士等根据他的手稿整理并补充，于1948年出版的。前苏联的一些学者不断地充实、完善这本科普读物，相继于1950年、1954年和1959年三次修订再版。随着各种译本的出现，《趣味地球化学》在全世界的影响日益扩大。

本书由原子、自然界里的化学元素、自然界里的原子史、地球化学的过去与未来这四部分内容构成。每一部分独立成章，取材精练新颖，又有若干小条目，条目之间的内容既有特殊性又有一定联系，科学性很强。四个部分之间勾画出如何认识构成自然界的原子及历史，以及地球化学的过去和未来的知识体系，作者科学的认识论和方法论启迪着读者，深入浅出地引导读者，并以很强的逻辑性层层展开，带领读者探索、思考着这个奇妙的物质世界，极富趣味性。

费尔斯曼首先以科学而生动的语言向读者讲述原子的结构与特性，描绘奇妙的原子世界，这是地球化学的理论基础。关于自然界里的化学元素，根据元素的性质、在自然界和人类社会中的作用，他选择了一部分具有典型意义的元素，引人入胜地介绍它们的"生活"和"一生的命运"。如"硅——地壳的基础"、"碳——一切生命的基础"、"磷——生命和思想的元素"、"氟——腐蚀一切的元素"等，读者会从阿·费尔斯曼对大自然热情的歌颂中获取有关地球化学的基本知识和许多趣事逸闻，深深地被作者渊博的知识、飞扬的文采和对大自然的热爱所打动。

费尔斯曼还从一个新的角度，即从不同的空间场所和不同的时间尺度讲述了宇宙空间、大气层、气候带、水体、地球表面与地下深处，以及人类史与地球史中元素的历史。他系统论述了地球化学思想发展史，坦诚地告诫青年一代，"这门科学是经过无数次精确的观察、实验和测量才产生的"。地球化学这门科学的诞生和建立，经历了众多杰出学者的艰苦探索与积累，通过全世界的科学先驱们各自独立的工作与相互协作，是建立在严格的观察、实验和严密的科学综合与推理基础上发展起来的。他对地球化学的发展前景充满憧憬与美好的期望，"所有原子都在经历着漫长的历史道路，我们不知道这条道路从什么地方开始，到什么地方完结。原子产生的过程怎样，它们怎样才开始在地球上旅行，我们还不十分清楚。在地球复杂的未来世界里原子的命运怎样，我们也不敢说"。他提出了地球化学学科未来探索的方向和关键问题，如：元素的起源与形成过程、地球中元素的演化历史、地球未来的演化前景和元素的命运与作用等。这些思想至今还放射着科学的光芒。

《趣味地球化学》不仅传播了系统而丰富的科学知识，还传播给我们正确的科学思维与科学方法，这是费尔斯曼用他的心血浇灌和培育的《趣味地球化学》永具魅力、成为世界科普名著的原因。

17世纪之前，落后的封建主义制度阻碍着生产力的发展，新的科学思想被深深地禁锢在自然经济的牢笼之中。17世纪中叶，英国资产阶级革命首先冲破封建庄园经济的桎梏，蒸汽机的应用促进了经济大发展，也对矿产资源的开采利用提出了新的要求，从而推动了地质勘探和地质学的发展。生产关系的转变，也改变了科学技术的命运，一批批学者走出书斋，下矿井、赴野外、风餐露宿、栉风沐雨，寻找工业必需的矿产，也使地质科学水平大为提高。费尔斯曼在本书中提到许多前苏联与欧美的地球化学家，并详细论述了俄罗斯科学家对发展地球化学学科所做的重大贡献。

《趣味地球化学》的附录是编者独具匠心的安排，反映了费尔斯曼院士渊博的自然科学、哲学、历史知识的高度融合和智慧的光华，以及独具特色的观点。他毫不保留地将自己丰富的实践经验传授给后人，教读者如何从野外工作入手，去观察大自然，去研究地球，成为一名优秀的地球化学家，引领

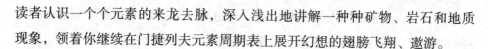

读者认识一个个元素的来龙去脉，深入浅出地讲解一种种矿物、岩石和地质现象，领着你继续在门捷列夫元素周期表上展开幻想的翅膀飞翔、遨游。

## 三、作者生平

阿·费尔斯曼是俄罗斯矿物学家、地球化学奠基人之一。1883 年 10 月 27 日，他出生于圣彼得堡，童年却是在克里木的海滨度过的。那里有阳光、海浪、沙滩、棕榈树，还有遍布山冈的葡萄园。费尔斯曼的家就在辛菲罗波尔路临街的一座房子里。他最大的爱好是收集各种各样奇形怪状的石头，把它们当作宝贝一样地珍藏起来。他最喜欢做的事就是和小伙伴们攀上灌木和野草丛生的陡崖，用小刀和小锤子去采集岩石，要么就是到海滩上去捡各种光滑的鹅卵石。

费尔斯曼在小伙伴中成了出名的"石头迷"，并且随着岁月的增长而乐此不疲，痴心益重。他找到几本有关岩石知识的书，开始学做矿物学家，把收集到的每块石头一一贴上标签，上面记着它们的学名和发现地点。在他的眼里，每一块石子都有一段传奇式的曲折身世、一个感人至深的美丽故事。他深深感到，大自然本身就是一本充满奥秘的书，等待着人们去读懂它。

中学毕业后，费尔斯曼进入莫斯科大学继续学习。在莫斯科大学的科学殿堂里，他如饥似渴地学习有关石头的专业知识和基础知识。他深感幸运的是，教他矿物学的老师是俄国杰出的矿物学家维尔那德斯基教授。他简直把沉默的、死硬的石头讲活了！教授谆谆教诲他的学生，不仅要研究矿物的性质特征，更要研究它们的来龙去脉，把它们看成是一部部活生生的生命史。只有弄清楚成矿原因和成矿规律，才能找到埋藏它们的地方。教授的话使他的心中豁然开朗，就像在黑暗的采石场通道里顿时点亮了一支熊熊燃烧的火把，照亮了他的探索之路。他立下雄心壮志：揭开矿物形成的秘密，找到打开地下宝藏的金钥匙。

费尔斯曼深知，要成为一个矿物学家，必须重视理论研究和野外勘察相结合。他抓紧大学生活的大好时光，常常夜以继日地埋头于化学实验，分析和测定各种矿物的化学元素及其结构，探索它们在地球深处的运移规律，往往通宵达旦，直至清浩工清晨打扫卫生闯进来，才恋恋不舍地放下手中的烧瓶和试管离去。另一方面，他在大学时代就重视把野外考察作为更大、更重要的课堂。每年夏天，他都打起背包到乌拉尔山区去实习，和采矿工人交朋友，拜他们为师。穿密林，涉急流，爬悬崖，钻矿坑，不怕艰险、疲劳、风雨和雷电。

费尔斯曼的不倦努力换得了累累硕果。在 1907 年大学毕业以前，他就在维尔那德斯基教授的指导下，发表了 5 篇论文，并因此获得矿物学会的安齐波夫金质奖章。1910 年，27 岁的费尔斯曼已经是矿物学教授，两年后他开设了世界科学史上从未有过的新课程——地球化学，把引起化学元素迁移的因素分为与原子本身性质有关的内部因素和由周围环境产生的外部因素两类。他简化了晶体化学第二定律，提出能量系数、价能量系数、共生序数等概念，为在苏联发现磷、铜、铁、镍等重要矿产做出了贡献。另外，他还提出了伟晶岩的成因和分类，开创了区域地球化学和矿床地球化学的研究领域。

1919 年，费尔斯曼当选为苏联科学院院士，并担任科学院博物馆馆长。他满怀热情不知疲倦地进行科学研究的同时，还进行了大量的野外实地勘察工作，并在多方面取得了卓越的开创性成就。1920 年秋天，为列宁领导下的苏维埃时代所激奋的费尔斯曼，亲自率领一支地质考察队进军远离列宁格勒1300 千米的希宾苔原。他带领考察队员硬是跨越断崖陡壁，穿过只有野鹿才敢涉足的荒原，终于发现了许多稀有矿产。1926 年，他们又在希宾苔原的库基斯乌姆乔尔山发现了巨大的磷灰石矿床。1932 年，他开始建立苏联科学院乌拉尔分院，3 年后便组织了规模浩大的多学科地质普查。费尔斯曼身先士卒，始终在第一线指挥。重要的是，他不再像先前那样孤军奋战，他的学生和广大地质人员已逐步掌握了他所发现的打开地下王国宝库的钥匙——地球化学的科学理论。

费尔斯曼还曾写过许多语言通俗、妙趣横生的科普读物，诸如《趣味矿物学》、《趣味地球化学》、《我的旅行》、《岩石回忆录》、《宝石的故事》、《乌拉尔——苏联的宝库》、《俄罗斯石器文化史》等。在 1934～1939 年完成的巨著《地球化学》(4 卷) 是当时地球化学的权威专著，也是开启化学元素在地壳运动中变化秘密的万能钥匙，被誉为"地球化学发展的重要里程碑"。英国伦敦地质学会为此授予他一枚用金属钯制作的沃拉斯顿奖章，这之前达尔文曾获如此殊荣。

热爱祖国，献身科学——这是费尔斯曼的人生宗旨，他的确为此贡献了自己全部的光和热。1945 年 5 月 20 日夜晚 11 点钟，在风景如画的黑海疗养地索契，"找石头的人"矿物学家费尔斯曼的心脏停止了跳动，享年仅 62 岁。"他是被累死的……"人们无限惋惜地议论道。夜幕笼罩着的大海在不远处低沉地鸣咽，近旁的白桦林发出阵阵喃喃私语。在病房内，案桌上放着一台夹着未完稿的打字机，地上放着沉甸甸一大提箱研究资料，它们静静地陪伴着自己的主人，仿佛也在无言地诉说着一个美丽的故事……

# 卡逊:《寂静的春天》

## 一、成书背景

有人说，只要春天还能听得到鸟叫，我们就应该感谢蕾切尔·卡逊，她是被美国《时代》周刊评选为 20 世纪最有影响的 100 个人物之一，被誉为"现代环保运动之母"。作为环境保护主义的先驱，她一生事业的出发点和归宿一言以蔽之，就是对生命的敬畏和对自然的挚爱。出于对自然的热爱，她逆时代而动，对政府和工业界的发展观提出批评，记录了工业文明所带来的诸多负面影响，直接推动了日后现代环保主义的发展。

作为一个学者与作家，卡逊所坚持的环境保护思想为人类环境意识的启蒙点燃了一盏明灯，因而，世人将她与伽利略、达尔文、赫胥黎等科学先驱相提并论。她所创作的《寂静的春天》一书，是一部具有划时代意义的绿色经典科普著作，在纽约大学新闻学院评选的 20 世纪 100 篇最佳新闻作品中，《寂静的春天》名列第二。该书以其入木三分的阐释和鞭辟入里的分析，将近代污染对生态影响透彻地展示在读者面前，给予人类强有力的警示，在美国历史上产生了巨大的影响和作用。

《寂静的春天》1962 年在美国出版时，它那惊世骇俗的关于农药危害人类环境的预言，强烈震撼了广大读者。本书一经问世，犹如旷野中的一声呐喊，敲响了人类将因为破坏环境而受到大自然惩罚的警世之钟。它无疑是现代环境保护运动的第一声号角，引发了整个现代群众性环境保护运动，对公众和政府加强对环境的关注和爱护的呼吁，最终导致了美国国家环境保护局的建立和"世界地球日"的设立。蕾切尔·卡逊的思想很快就变成亿万人的共同意识。她揭示的真理、她唤醒的科学和研究，不仅是对限制使用杀虫剂的有力论争，也是对个体所能做出的不凡之举的有力证明。1992年，即在卡逊逝世后的第28年，《寂静的春天》被推选为世界上最具有影响的书之一。这部科普图书留给人类以振聋发聩的启示，被誉为"世界环境保护运动的里程碑"。

## 二、内容简介

从20世纪40年代起，人们开始大量生产和使用六六六、DDT等剧毒杀虫剂以提高粮食产量。到了20世纪50年代，这些有机氯化物被广泛使用在生产和生活中。这些剧毒物的确在短期内起到了杀虫的效果，使粮食产量得到了空前的提高。然而，这些剧毒物的制造者和使用者们却全然没有想到，这些用于杀死害虫的毒物会对环境及人类贻害无穷。它们通过空气、水、土壤等潜入农作物，残留在粮食、蔬菜中，或通过饲料、饮用水进入畜体内，继而又通过食物链或空气进入人体。这种有机氯化物在人体中积存，可使人的神经系统和肝脏功能遭到损害，可引起皮肤癌，可使胎儿畸形或引起死胎。同时，这些药物的大量使用使许多害虫已产生了抵抗力，并由于生物链结构的改变而使一些原本无害的昆虫变为害虫了。人类制造的杀虫剂，无异于为自己种下了一枚毒果。

当这些有毒的化学物质对环境造成的污染已是量多为患时，美国海洋生物学家蕾切尔·卡逊经过4年时间，调查了使用化学杀虫剂对环境造成的危害后，于1962年出版了《寂静的春天》一书。在这本书中，卡逊以生动而严肃的笔触，描写因过度使用化学药品和肥料而导致环境污染、生态破坏，最终给人类带来不堪重负的灾难，阐述了农药对环境的污染，用生态学的原理分析了这些化学杀虫剂对人类赖以生存的生态系统带来的危害，指出人类用自己制造的毒药来提高农业产量，无异于饮鸩止渴，人类应该走"另外的路"。

在《寂静的春天》中，卡逊向公众发出呼吁，要求制止使用有毒化学品的私人和公共计划，这些计划将最终毁掉地球上的生命。她要求人们了解真

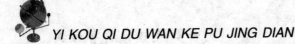

相并针对现状做出行动，因为关注环境不仅是工业界和政府的事情，也是民众的分内之事，那些阴险的毒物，通过喷雾剂和尘土、食物传播，要远比核战争的放射性残骸危险。

卡逊在书中指出花费了数以百万计的税款的喷药计划一开始就注定要失败，她向我们说明，使用它们或者任何为企图对付迅速产生的抗药性的新产品都是无效的，这被越来越多的病虫害所证实。她详细描述了消灭吉卜赛蛾的计划在杀死吉卜赛蛾的同时也杀死了鱼、螃蟹和鸟类，她还详细描述了消灭火蚁的计划杀死了牛、雉鸡，而不是火蚁；由于破坏了自然控制（生态）的手段，许多其他计划导致了更多害虫的产生。因此卡逊主张用其他方法代替广泛使用的化学毒剂，她指出了使用瓢虫控制介壳虫等成功事例，她认为一旦引入了天敌或者对手，新出现在某地的有害物种就不会造成很大的麻烦。自然界的生存斗争能让害虫的数量保持在较低水平。

《寂静的春天》是一部划时代的绿色经典著作，它的出版对那些把剧毒杀虫剂作为"杀手锏"的人来说，无异于一种挑战。那些既得利益者们对卡逊进行了围攻，说她是"极端主义者"、"大自然的女祭司"，使卡逊承受了不亚于达尔文当年发表《物种起源》的压力。然而，日后的事实却证明了卡逊的预言，这些剧毒物对环境及整个生物链造成的巨大破坏是无法弥补的。

《寂静的春天》英文版封面

《寂静的春天》是一部警示录，由于它的广泛影响，美国政府开始对书中提出的警告做调查，最终改变了对农药政策的取向，并于1970年成立了环境保护局。美国各州也相继通过立法来限制杀虫剂的使用，最终使剧毒杀虫剂停止了生产和使用，其中包括曾获得诺贝尔奖的DDT等。令人遗憾的是，目前虽然这些剧毒杀虫剂已从生产和使用的名单上被清除，但人们却仍不得不依赖其他农药来维持粮食产量的提高，有些地方，人们至今仍在非法地生产和使用着被禁止使用的农药。据统计，发展中国家由于农药使用不当而发生的死亡事故每年都有上万起，有 150 万到 200 万人急性农药中毒。

在宣扬维持生态平衡、推动环境保护的读物中，《寂静的春天》可以说是一座丰碑，是人类生态意识觉醒的标志，是生态学新纪元的开端。由于它在美国历史上产生了巨大的作用和影响，被列为"改变美国的书"之一。

## 三、作者生平

40 多年前，《寂静的春天》在美国出版发行。在 40 多个春天里，人类经历了可能是历史上最辉煌的时代，对科学技术和经济的迅猛发展惊喜赞叹，额手称庆。但是，每当春天来临之际，人类都不应该忘记蕾切尔·卡逊这个名字及其惊世之作《寂静的春天》。

蕾切尔·路易斯·卡逊 1907 年 5 月 27 日出生于美国宾夕法尼亚州匹兹堡市泉溪镇一条乡间小河畔的农舍里。慈祥的母亲把对生命和自然的热爱赋予了她，这种热爱与文学天赋在卡逊小学和中学期间就显露出来。1929 年，她从宾夕法尼亚女子学院毕业，进入伍兹霍尔海洋生物实验室学习。1932 年她在约翰·霍普金斯大学获得动物学硕士学位。此后，她在马里兰州州立大学教授生态学。

在美国经济大萧条时期，卡逊受雇于美国渔业局并为《巴尔的摩太阳报》撰写科学史方面的文章。1936 年，她开始了长达 15 年的在美国渔业与野生动物管理委员会工作的生涯，她在这个机构中被提升为出版物主编。

蕾切尔·卡逊在美国渔业和野生动物管理委员会期间写了大量的关于环境保护方面的文章并编辑了许多科学文献。在她闲暇的时间内，她将在这个政府机构所进行的研究成果改写成抒情散文，第一篇是《海洋下面》，发表在1937 年的《大西洋月刊》上。随后她写了著名的作品《在海风的吹拂下》。1952 年，她的传世之作《我们周围的海洋》出版后引起轰动，被翻译成 32 种文字在世界各国出版发行，并于同年获得美国国家科学技术图书奖和伯洛兹自然科学图书奖。1955 年她又出版了《海之边缘》。这些作品使卡逊成为著名的科普作家。

1952 年，卡逊从政府机构辞职，开始了她的专业写作生涯。在她的专业写作生涯中，她创作了一些向读者描绘这个生机勃勃的世界中所蕴涵的美丽和有待于人类发现的奇迹的作品，包括《帮助孩子想象》以及《变幻无穷的海岸》。在卡逊的所有作品中都充满了激情的人文思想，她认为人类仅仅是自然的一个组成部分，但是，自然的美正在被人类的丑恶所取代，自然的世界正在变成人造的世界。卡逊开始关注第二次世界大战后合成化学杀虫制剂的滥用问题，并进行调查和研究。应该说，这并不是，或者至少在开始的时候不是卡逊最感兴趣的问题。卡逊一直称自己是给大海做传的人，对文学的热爱使她的作品呈现出诗一般的梦幻和想象，她在自己多年的海洋科学专业知识基础上，用诗一样的语言告诉人们关于潮汐、海底火山、海洋生物等大海的秘密。因此，她不太情愿地放下自己感兴趣的写作题目，开始将研究结果撰写成对公众具有警示意义的滥用杀虫剂的长期效果调查报告。

20 世纪 50 年代正值二战之后东西方对峙的"冷战"时期，美国的工业界为了开发经济而大量砍伐森林，破坏自然，三废污染严重。特别是为了增加粮食生产和木材出口，美国农业部放任财大气粗的化学工业界开发 DDT 等剧毒杀虫剂并不顾后果地执行大规模空中喷洒计划。导致鸟类、鱼类和益虫大量死亡，而害虫却因产生抗体而日益猖獗。化学毒性通过食物链进入人体，诱发癌症和胎儿畸形等疾病。当自然、生物甚至人类受到伤害时，责任感和科学家的良知使卡逊不能沉默。在身患绝症，靠放疗维持生命，几乎濒临瘫痪和失明的情况下，她只身面对工业界和政府官僚科研机构权威们的强大压力，对只顾商业利益不顾人类安危的工业集团和曾获得过诺贝尔奖金的化学药品 DDT 提出了挑战。她放弃了自己心爱的创作主题，专门研究危害不次于辐射性的"死神的特效药"（剧毒农药），开始了她称之为"讨伐"恶势力的行动。经过数年顽强刻苦的调查研究，写出了她的第四部，也是最后一部畅销书《寂静的春天》。《寂静的春天》缘起于卡逊的一个朋友给她的来信，信中谈到由于喷洒 DDT 导致小镇鸟类的死亡，希望卡逊能有所帮助，卡逊开始找朋友过问此事，可是后来她意识到自己必须做点什么。于是为此写一本书的想法诞生了。她开始收集资料，寻找证据，查阅文献，而此时的她正受着癌症的折磨，与病魔作战使书稿的进展非常缓慢，在 1962 年 6 月 16 日的

《纽约人》上开始连载《寂静的春天》后，从未有过的轰动产生了，不计其数的攻击和冷嘲热讽向这位柔弱的女士袭来。

杀虫剂生产贸易组织全国农业化学品联合会（NACA）不惜耗资 5 万美元来宣传卡逊的错误，保护自己的经济利益。但是，科技界、政界和工业界的许多人都认为，卡逊所提出的重要问题和书的矛头直指科技成果的正直性、道德领导性和社会的导向性。卡逊揭示了人类对自然的冷漠，大胆地将滥用 DDT 的行为暴露在光天化日之下。在身患重病、面对攻击甚至是人身攻击的巨大压力下，她一直坚持自己的观点，大声疾呼人类要爱护自己的生存环境，要对自己的智能活动负责，要具有理性思维能

蕾切尔·路易斯·卡逊（1907 ~1964）

力并与自然和睦相处。她不屈不挠的斗争引起了美国观众和社会的认同，并引起了当时的美国总统的关注。经过总统顾问委员会的调查，1963 年，美国政府认同了书中的观点。卡逊被邀请参加美国总统的听证会并作证。在会议上，卡逊要求政府制定保护人类健康和环境的新政策，她的作品唤起了美国民众的环保意识和社会认同。

1964 年 4 月 14 日，蕾切尔·卡逊在经过了长时间的与乳腺癌抗争之后与世长辞。她开创的现代环境主义、对真理的不懈追求的精神和崇高的人格魅力激励着后人的理性发展。蕾切尔·卡逊尔死后没有立碑，她始终认为生命不会以肉体死亡为终结，而会以不同形式反复轮回。她的骨灰被她挚爱的女友多萝西·弗里曼按其遗愿撒向了大海。她终身未嫁，没有留下子女，只留下了思想——已经被当今世界认同但仍然和社会商业利益严重冲突的生态保护思想。正如前美国副总统戈尔所说："1964 年春天，蕾切尔·卡逊逝世后，一切都很清楚了，她的声音永远不会寂静。她惊醒的不但是我们国家，甚至是整个世界。《寂静的春天》的出版应该恰当地被看成是现代环境运动的肇始。"

# 伽莫夫:《从一到无穷大》

## 一、成书背景

乔治·伽莫夫是举世公认的第一流科学家,他是一名卓越的理论物理学家与天体物理学家。他在基本粒子与核物理方面、核裂变与核聚变等方面都做出了许多重要贡献,继而又介入了天体物理学领域,在宇宙学上同勒梅特一起提出了至今已被世界普遍认同、作为宇宙诞生的"大爆炸"理论。其中有关宇宙背景辐射的理论预言,已在 20 世纪 60 年代由彭齐亚斯与威尔逊的观察证实,后两人由此而得到了 1978 年诺贝尔物理学奖。此外他还是最早从微观角度用数学、物理学及化学知识研究生物学的开创者之一,他首先提出了"遗传密码"的概念,这些成果目前都已得到科学界的证实。

伽莫夫还是一位杰出的科普作家,他非常重视普及科学知识的工作,由于他在普及科学知识方面做出的杰出贡献,1956 年联合国教科文组织授予他卡林伽科普奖,被科普界奉为一代宗师。在他一生正式出版的 25 部著作中,有 18 部是科普著作,其中《从一到无穷大》是其代表作,风靡全球。

伽莫夫具有渊博的知识和丰富的想象力,因此他能把抽象的数学与物理学等自然科学巧妙地联系在一起叙述,因此《从一到无穷大》可以说是第一流的科学家用第一等的表现技巧,讲述科学活动中最激动人心的核心内容的经典科普作品。在书中,伽莫夫将科学的观念不知不觉地渗透给读者,让人只是觉得是在以一种全新的体验领略了一次对科学世界的随意性的漫游,跟随着大科学的思路，让人以一种全然不同的视角看到这个世界更深层的神秘面貌。

## 二、内容简介

《从一到无穷大》是科普图书中的经典之作，被评为"20世纪对中国影响力最大的十本科普作品"之一，它的副标题是"科学中的事实和臆测"。这本属于"通才教育"的科普书，内容涉及无穷级数、拓扑学、熵、相对论、四维空间、统计涨落、基因与DNA等20世纪40到60年代许多著名科学家的诸多尖端级思想成果，堪称世界级科普经典的第一流著作！当时那个时代科学界热衷的课题，对今天的人而言，仍是比较时尚的话题。即便是初中学生，也不会有哪一整页是完全看不懂的。伽莫夫通过比喻、故事、丰富的插图，以及详尽的叙述，使这样一本横贯数学、物理、化学、生物学和天体物理学的书，能够为具备初中以上文化程度的读者所基本了解。不是真正深刻了解科学原理的人，不具备博大精深的文化功底的人，是无法达到这种程度的。

作为一本优秀的科普著作，《从一到无穷大》融语言的通俗性、科学概念的准确性、知识的趣味性于一体，以一种独特的视角，向读者传达了一种科学的精神、思考的方法，全面提升读者的科学品位。作者乔治·伽莫夫用流畅而浅显的文字，寥寥数笔，就将一个科学方向上多年的探索成果十分形象、明了地展现在我们面前。仿佛作者是想到哪儿就说到哪儿，将叙述的内容信手拈来，实际上，仔细思考，就会感觉到其中各部分内容之间内在的紧密关系，如同侦探小说，让人在妙趣横生、恍然大悟以及莞尔一笑中意犹未尽地概览了自然科学的基本成就和前沿进展。

一般的科普读物，往往因为怕数学太"枯燥"和"艰深"以及人们通常的对数学的心理障碍，而不敢使用它，只局限于做定性的概念描述。这本书则恰恰相反，全书都用数学贯穿起来，先漫谈一些基本的数学知识，然后用一些有趣的比喻，阐述了爱因斯坦的相对论和四维时空结构，并讨论了人类在认识微观世界（如基本粒子、基因等）和宏观世界（如太阳系、星系等）方面的成就。这些过程中能定量说明的地方基本都定量了，但不仅没有让人望而生厌，反而让人对书中内容过目不忘。

乔治·伽莫夫的《从一到无穷大》，自问世以来，被译成许多国家的文字。许多第一流科学家都高度评价这本书，认为它值得一读再读。这本书1978年首次在中国出版，据说初印版发行了55万册，许多那个年代的学人深受此书影响，它"作为科学修养的重要滋养品，伴随了一代人的成长"。

## 三、作者生平

著名的物理学家和天文学家乔治·伽莫夫1904年出生在俄国历史名城敖德萨一个知识分子家庭。他的祖父戎马一生，官至俄国基什尼奥军区司令员，外祖父是当地声名显赫的大主教，他的父母则是当地私立中学的教师，分别教授俄语、俄罗斯文学和历史、地理。毫无疑问，是这种独特的家史和浓郁的文化氛围铸就了伽莫夫后来大度沉稳而不失热情的性格。

还在伽莫夫很小的时候，就表现出在文学诗歌方面的罕见天赋。像《奥涅金》这样的长诗，只要读上几遍，他就能牢记不忘。孩提时代的他，对物理学也渐渐地产生了浓厚的兴趣。5岁，梦想着能漫游月球；7岁，能用一个普通的小铃铛和电池做一个像模像样的电铃；10岁，当第一次世界大战的战火蔓延至敖德萨，别的大人孩子纷纷躲进地下室时，他还能悠然自得地坐在阳台上读着作为物理学基本读物的欧几里得的《几何原本》。

1928年，伽莫夫在苏联列宁格勒大学获物理学博士学位后，到丹麦的哥本哈根大学师从著名物理学家玻尔，在量子力学的创始人玻尔的理论物理研究所工作。后又到英国剑桥大学师从著名物理学家卢瑟福从事研究工作。

1931年伽莫夫回到列宁格勒大学任教授。当时，自命为"坚持辩证唯物主义"的李森科学派正称霸苏联科学界，物理学界受到巨大的冲击，凡是支持爱因斯坦的相对论和海森伯的测不准原理的人，一律被视为异端。在这种恶劣的环境下，伽莫夫知道在祖国已无发展前途，而且随时有生命危险。1933年，他来到巴黎在居里研究所从事研究，并在居里夫人等科学家的帮助下，借一次物理学国际会议之机离开苏联，于1934年移居美国，任密歇根大学讲师，同年秋被聘为华盛顿大学教授，1954年任加利福尼亚大学伯克利分校教授，1956 年改任科罗拉多大学教授。

伽莫夫是一位兴趣很广的天才。他最早研究的领域是在基本粒子与核物理方面，曾提出原子核的液滴模型，后又与物理学家贝特、特勒等合作，在核裂变与核聚变等方面做出了许多重要成果，继而又深深介入了天体物理学领域，在宇宙学上同勒梅特一起提出宇宙生成的"大爆炸"理论，后两人由此而得到了 1978 年诺贝尔物理学奖。诺贝尔奖只授予在世的科学家，当时伽莫夫已去世，故他无缘得此殊荣。

伽莫夫非常重视普及科学知识的工作。他移居美国以后，在从事教学和研究工作之余，动笔向普通读者介绍这些新生事物。从 1938 年起，他在英国剑桥大学出版社的支持下，发表了一系列有点离奇的科学故事。1940 生，他把第一批故事汇集成他的第一部科普著作《汤普金斯先生身历奇境》出版；1944 年他又把其后的故事汇集成《汤普金斯先生探索原子世界》一书。这两本书出版后，深受读者欢迎。后来，为了补充介绍新的物理学进展，也为了使作品的内容更紧凑，他便把上述两本书合并、补充、改写重新出版。1968 年夏，伽莫夫在英国剑桥大学丘吉尔学院开设宇宙学讲座时，他的循环系统疾病恶化。在返回美国后不久，于 8 月 20 日在科罗拉多大学逝世，享年 64 岁。

纵观伽莫夫的一生，不难发现，他是一位卓尔不群、知识渊博的科学家。他善于敏锐地把握时代跳动的脉搏，巧妙地配合科学前进的节拍，因而他能够在核物理学、天体物理学、宇宙学和生命科学等诸多领域中吹响向科学高峰进军的号角，为科学史谱写一曲又一曲华美的乐章！

# 汉森：《双螺旋》

## 一、成书背景

25 岁发现 DNA 双螺旋结构，人类基因组计划首任负责人詹姆斯·迪维·沃森是在世的最知名的生物学家，1962 年，他与弗朗西斯·克利克一起创建"DNA 双螺旋"模型而获诺贝尔医学生理奖。1990 年，一些科学家倡导并启动了"国际人类基因组计划"，沃森任美国该计划首席负责人。而且，以沃森为首的美国冷泉港实验室被称为世界生命科学与分子生物学的摇篮，名列世界上影响最大的十大研究学院榜首。冷泉港实验室还是国际生命科学的会议中心与培训基地，冷泉港"DNA 研习学校"是全球最有影响的生命科学教育基地。

DNA 双螺旋模型的建成是 20 世纪生物学领域极为重要的发现，它为现代分子生物学的发展奠定了基础。DNA 结构的发现和后来"中心法则"的提出，以及随后发明的重组 DNA 和分子克隆技术，使人类获得了崭新的干预生物进化和优化生物的某些功能的有效手段和途径。而 20 世纪 90 年代以来，基因组学和生物信息学无疑已成为当前和今后相当长的时期内较活跃和影响较大的生物科学前沿学科。回顾 20 世纪生物科学发展的主要路线和过程，可以清楚地看到，DNA 双螺旋模型在其中所处的承上启下的关键位置和所起到的核心作用。因此，研究、了解 DNA 双螺旋模型产生的背景、条件及其对生物学发展产生的积极影响，对我们深刻认识这一重大发现的科学价值，正确把握现代生命科学发展的规律和方向，是大有裨益的。

沃森曾在 1968 年出版了《双螺旋》，通过本书读者可以知晓双螺旋的发现过程。沃森认为，在 21 世纪，与生物学有关的重大课题是解读存在于 DNA 中的"生命说明书"，有关生命的奥秘都写在那里面，它不仅对人类，而且对细菌、苍蝇、毛毛虫、老鼠等都适用。目前，人类基因组图谱已经完成，因此对于 21 世纪的生物学工作者来说，他们拥有"说明书"这个武器，还必须学会解读这份"说明书"，生命奥秘的诠释将给 21 世纪的人类带来福音。

## 二、内容简介

1953 年 2 月 28 日，在英国剑桥一家名叫 Eagle 的酒廊里，一个叫弗朗西斯·克里克的年轻人一进来就兴奋地嚷道，他和詹姆斯·沃森已经"找到生命的秘密"了。在场的人都知道他在说什么，因为在过去两年里，两人不分昼夜设法寻找 DNA 结构的秘密。这一天早上，他们终于解开了谜团，也结束了当时生物科学界对这项研究的角逐战。他们搭建的 DNA 双螺旋结构模型充分显示了 DNA 是如何完成传递细胞遗传信息的使命的。

沃森和克里克提出的 DNA 分子结构模型可以与达尔文的进化论、孟德尔的遗传定律相媲美。他们指出，遗传的基本物质——脱氧核糖核酸（DNA）具有一种微妙的双螺旋结构。这一重大发现为探讨遗传的化学基础开辟了一个新纪元，引起了生物学的一场伟大革命。其结果是在此后不久就完全阐明了遗传密码问题。由于这一伟大科学成果，沃森和克里克获得了诺贝尔奖金。

20 世纪 60 年代中期，分子生物学已逐渐成为一门受到确认的独立学科。这时，沃森决定写一本叫做《发现 DNA 结构的个人记事》的书。哈佛大学出版社同他签订合同，准备出版他的回忆录。在 1966～1967 年间，他将初稿送给书中涉及的人员传阅。那时，这本书定名为《诚实的吉姆》。这份初稿遭到了猛烈的批评，但并不是由于作者对某些历史事实记述得不够确切或者作者在自我吹嘘，而是认为作者对很多人的描写没有必要如此尖刻，或者说，有些言论显得简慢无礼。由于这些批评，沃森删去或至少是冲淡了一部分过于触犯人的章节，又补写了一个"尾声"，公开恳请人们纠正那些作者的记忆与他们有出入的地方。但是由于沃森显然没有按批评者的意见把那些过分触犯人的章节做出较为满意的修改，哈佛大学出版社奉命取消了出版该书的合同。后来沃森将书名改为《双螺旋》，副标题定为"发现 DNA 结构的个人经历"，一家商业出版社——阿森纽于 1968 年 2 月 26 日出版了这本书。

《双螺旋》一书是沃森写的一本作者自己亲身经历的重大事件印象记。书中不仅有科学知识，亦有科学工作方法，作者介绍发现 DNA 结构的来龙去脉，叙述的是 1951～1953 年期间，他观察事物的方法、其他一些当事人和他们的想法以及他本人的情况。1980 年出版的英文新版本中，作者又加进了一些新内容。另外，在附录中收进了四篇文章，即沃森和克里克的两篇原始论文，以及斯坦特写的介绍 DNA 双螺旋与分子生物学的崛起和《双螺旋》一书作者及出版概况的两篇文章。读者阅读了附录中的材料更能加深对《双螺旋》一书的理解。

沃森希望本书将说明这样一种观念，即科学很少会像门外汉所想象的那样，按照直截了当合乎逻辑的方式进行的。相反，科学的进步（有时则是倒退）往往全盘是人为的事件，在这些事件中，人物本身以及文化传统都起着巨大的作用。为此，他试图在书中再现他对当时的有关事件和人物的最初印象，而不是对自从发现 DNA 结构以来他所知道的一切做出评价。虽然，后者或许更为客观，但它却无法真实地反映一种冒险精神。这种冒险精神的特征是年轻人的自以为是，并且认为真理一旦发现就言简意赅、尽善尽美。作者为中译本写的前言中说："我十分高兴，通过这部中译本，可以有更多的中国人了解我们如何弄清了携带遗传信息的 DNA 分子结构的故事。同克里克进行合作的那些日子，是我一生中极为难得的一段时期。在撰写本书时，我力图表达出我们在探究这种我们认为可能是最重要的分子时的兴奋心情。我们所发现的双螺旋果然没有使我们失望。"沃森认为应该让 DNA 真正地服务于社会，一切基础知识，都应该成为全人类共有的财产，而不是变成某些企业的机密。现在，有多个国家的科学工作者正在共同研究人类基因组图谱，沃森写作本书正是希望研究者们能够自由地互通有无，而不是彼此保密，以使生命的本质真相大白的一天早日来临。

## 三、作者生平

1953 年 2 月，两位名不见经传的年轻人，靠着自己优美的科学直觉，在剑桥大学的卡文迪什实验室发现了 DNA 的双螺旋结构；1953 年 4 月 25 日，权威科学期刊《自然》杂志发表了他们措辞谨慎的短文，向全世界宣告了这一发现，引起举世瞩目，掀起了一场发掘遗传学"金矿"的科学风暴。这奠定了现代分子生物学的基础，并被认定为 20 世纪生命科学领域最伟大的科学发现。而这两个年轻人其中之一就是詹姆斯·迪维·沃森。

沃森于 1928 年 4 月 6 日出生于芝加哥，他的少年时代是在美国芝加哥度过的。那时，他的父亲非常喜欢观察鸟。在 7 岁那年，沃森从父亲手中得到了第一本讲鸟的书，书中介绍了有关鸟的迁徙的知识。沃森读了这本书以后，就产生了一些疑问。例如，鸟是怎样从北半球长途飞往南半球的？幼鸟能找到吗？沃森被这些疑问吸引着。不过，在当时这些疑问几乎不可能得到答案，因为那被认为是奇迹。稍微长大一点之后，沃森在每周的星期日都要与父亲一起去观鸟。后来沃森知道了达尔文的进化论，于是他对"生命的根源是什么"这个问题产生了兴趣，总想知道为什么"生命"能存在。

随后，沃森上了两年公立高中。9 年级的时候，他学习了"一般科学"这门课程；10 年级的时候，他学习了生物学课程。通过这些课程，沃森了解了基因的有关知识和遗传规律，也懂得了位于染色体上的基因能发出决定眼睛和头发颜色的指令，但怎么发出的并不清楚。

15 岁的时候，沃森去芝加哥大学读书。在大学里，沃森学习了一般的生物学课程。最初学的是遗传学，他觉得没有意思，仍然觉得研究鸟和鸟的行为比较有趣。大学 3 年级时，沃森接受了一些稍微深入的课程教育，这些课程与生态学有关。沃森对生物的行为模式和生态学比较感兴趣。在学习生态学课的过程中，他读了奥地利物理学家薛定谔《生命是什么》一书后，就满怀兴趣地去听著名的遗传学家莱特讲的课。莱特是非常优秀的遗传学家，当时在芝加哥大学执教，他对基因如何发挥作用抱有浓厚的兴趣。他的注意力也从鸟身上转移到基因上。22 岁时沃森获得动物学博士学位。

　　在沃森读大学的时代，生物学并不被看作是高水平的科学，真正的尖端科学是物理学，所以非常优秀的人才都去做物理学研究。但沃森对生物学研究非常感兴趣。从芝加哥大学毕业之后，他想去加州理工学院进一步学习和研究。在 1946 年的秋天，沃森寄出了申请书，但是没有被加州理工学院录取。原因是他们认为沃森只是个接受过简单生物学训练的学生，而大部分的物理学和化学课都没有学过。不过，沃森没有放弃，他继续向印第安纳大学提出申请，这回他被录取了。印第安纳大学在遗传学方面的研究水平处于第二位，是非常优秀的大学，与加州理工学院一样，在基因研究方面位居前列。

　　印第安纳大学的教授赫尔曼·马勒由于有关 X 射线引起的突然变异的研究工作，而在 1946 年的秋天获得了诺贝尔生理与医学奖。除马勒以外，还有一些年轻的研究工作者，比如微生物学家萨尔瓦多·卢里亚（意大利人，1969 年的诺贝尔生理与医学奖得主），也对基因感兴趣。当时，他正在研究细菌中感染的噬菌体，这种病毒是研究基因的样板。

　　沃森到印第安纳大学后，立刻选了卢里亚开设的有关病毒的课程。在病毒课上，沃森了解到卢里亚与加州理工学院的物理学家马克思·德尔布吕克（德国人，1969 年的诺贝尔生理与医学奖得主）正在共同展开有关研究，将《生命是什么》一书的精髓作为研究的基础就是他的想法。不久，沃森也见到了德尔布吕克。1948 年夏天，卢里亚让沃森去科尔德·哈博研究所。沃森觉得能与卢里亚一起做研究工作是非常幸运的事，他从卢里亚那里学到了大量有关 DNA 的知识。那时，人们已经证实带有遗传信息的物质不是蛋白质，而是 DNA。沃森在印第安纳大学做了两年半的研究生，1950 年获得哲学博士学位。接着，沃森得到美国国家科学研究委员会默克博士奖学金的资助，先在哥本哈根大学和丹麦国家血清研究所的卡尔喀和马勒实验室工作，后又到剑桥大学卡文迪什实验

詹姆斯·迪维·沃森（1928～　）

室工作。

沃森结识弗朗西斯·克里克后，对基因的分子本质的共同兴趣使二人惺惺相惜。克里克发现沃森是一位对遗传学很有造诣的生物学家（克里克本人不太懂遗传学），并且急于要知道基因是如何活动的。沃森则发现克里克是一位不仅了解 X 射线结晶学，而且对基因的结构与生物学功能很感兴趣的物理学家，这使沃森感到新奇和鼓舞。从此，这两个轻狂桀骜的家伙居然亲密无间地合作。在这期间，他们互补的性格消除了对方的缺陷，他们迥异的专业背景也是那么相得益彰。克里克极具天赋，执著、睿智、眼界开放而不囿于成见，思想深刻而不流于肤浅，在权威面前绝无缩手缩脚之态，他还习惯于谈论和思考；而沃森则眼光独到，观察事物有一种敏锐的穿透力，因为年轻，他也是那样的无拘无束，甚至他还有一些心眼，会一些算计。更要命的是，他们还拥有一种旁人无法企及的敏捷。而这种敏捷贯穿于他们合作的始终，也贯穿于他们学术生涯的始终。1953 年 4 月他们在《自然》杂志上发表了一篇改变世界科学史进程的短文，介绍了双螺旋的发现，由此两位英雄共同开创了生命科学史上迄今为止最璀璨辉煌、最浩荡磅礴的分子生物学时代。DNA 双螺旋的发现，吹响了遗传学大进军的号角。此后 50 年，遗传学、分子生物学的发展是"爆炸式"的，遗传信息的编码、复制、转录、翻译过程陆续揭秘。正如沃森所言，"无论好歹，我和我的朋友们在双螺旋诞生之时就在场——按任何标准，它都是科学史上的重大时刻。在这个意义上，我们是一出大型戏剧惟一的演员。"

1953 年秋，沃森离开卡文迪什实验室到加州理工学院任高级研究员，名义上是在负责德尔布吕克实验室（其实已经名存实亡）的遗传学研究工作。因为，当时德尔布吕克本人对基因问题已不再感兴趣了（他认为这个问题现在已有一些杰出人才在进行）。德氏此时已经开始研究活细胞把太阳能转换成化学能或电能的机制。

1956 年，沃森在哈佛大学生物系任教，在那里创建了一个实验室。一代有建树的分子生物学家就是在这里培养出来的。由于发现了 DNA 结构，沃森和克里克及威尔金斯共同获得 1962 年度诺贝医学奖。同年，佩鲁兹和肯德鲁获得诺贝尔化学奖金。1968 年，沃森离开哈佛转到冷泉港实验室担任指导工作。这是一所规模较小的生物科学研究站，位于长岛北岸。德尔布吕克曾在噬菌体小组筹组期间，将此处选为研究中心。20 世纪 90 年代，沃森成为第一个主持人类基因组计划的首席科学家。

如今，DNA 的双螺旋结构模型已成为分子生物学的象征：从课本的封面到会议的标志；从公司赠送的茶杯、年历到生物系学生毕业时自行设计的纪念 T 恤……甚至俨然成为高科技的象征，傲立中关村街头，睥睨身旁的车水马龙。这个模型的建立会使人们习惯性地想起那位荣膺诺贝尔生理学或医学奖的年轻人：詹姆斯·沃森。

# 珍妮:《黑猩猩在召唤》

## 一、成书背景

珍妮·古多尔,英国著名动物行为学家,国际知名的动物行为学家。这位国际动物保护界最重要的人物,是 20 世纪的一位最具有传奇色彩的女性。20 世纪 60 年代初,她只身进入非洲丛林开始对黑猩猩的行为进行研究,经过十几年的追踪观察,揭开了野生黑猩猩的行为之谜,创下了这一研究领域第一人和在野外工作时间最长的两项纪录。她的爱心、毅力、才智和热情使她成为动物保护领域的杰  出人物。多年来的重要研究工作为她赢得了无数的头衔和奖项,其中包括动物权益研究所授予的艾尔伯特·史威策奖和《大不列颠百科全书》授予的传播造福人类知识杰出工作者奖,还获得了联合国颁发的 2001 年度马丁·路德·金反暴力金奖。过去也曾有两位为世界和平做出过卓越贡献的人士获得此奖,他们分别是南非前总统曼德拉、联合国秘书长安南。

2002 年 4 月,联合国任命珍妮·古多尔博士为联合国和平信使,她不仅是英国人的骄傲,也是全人类的骄傲。

在我们这个星球上种类繁多的动物中,大概再也找不到另一种能像黑猩猩那样和人如此相似的动物了,可它们正面临着人类无情的摧残而即将绝迹,珍妮·古多尔的《黑猩猩在召唤》将把我们带到另一个动物世界,深入探索野生黑猩猩生活的奥秘,书中诸多具有重要价值的研究成果为日后灵长类动物的研究奠定了基础。

## 二、内容简介

湖面一望无际，岸上的热带丛林遮挡视线，隐匿从未向西方世界敞开的秘密，风裹挟湖水、泥土和植物的气息，扑打着一只孤单的小船——这是1960年，一位26岁的英国姑娘正在坦桑尼亚的贡贝湖上航行，她期待人生，却并未想到，关于人类及其与世界关系的新的认识将由她提供。3个月之后，她报告了自己的第一个发现：在贡贝丛林中生活的黑猩猩，像人类一样可以使用工具。很快，她收到了上司"著名的回电"："啊！我们现在必须重新给人下定义，重新给工具下定义了，否则我们就承认黑猩猩是人！"——生物学界由此认识了这位仅有高中学历的姑娘，并赠送给她"行为科学中的爱因斯坦"的美誉。

1971年，珍妮·古多尔将自己这段丛林科研生活出版成书，该书原名为"In the shadow of Man"，中译本取书中的一个章节名译为《黑猩猩在召唤》。它在20世纪80年代初被译介到中国内地，让许多中国读者记住了珍妮·古多尔和她的动物朋友的名字：灰胡子戴维、弗洛一家……珍妮·古多尔一反学术惯例，异乎寻常地给研究对象们都起了名字，这意味着它们是可沟通、可分享的朋友，而非仅被观察记录者。在该书中，古多尔第一次全面地揭开了野生黑猩猩群体生活的神秘面纱，做了灵长类行为学先驱想做而不敢做的事，为动物学界及科学界做出了极其卓越的贡献。

地球上所有的物种当中，黑猩猩与人类的亲缘关系最为密切。在古多尔之前，研究灵长类的专家一直都不清楚黑猩猩在自然状况下的行为是怎样的，几乎所有人都认为深入到丛林中探索黑猩猩的生活是完全不可能的。黑猩猩只生活在非洲，占据着西至海岸、东至坦噶尼喀湖的赤道附近的森林地带，地域相当广阔。茂密的丛林不但存在着来自各种野兽的危险，而且黑猩猩力气过人、攻击性很强，根本不允许人类靠近，试图接近它们的行为只能带来自身生命的危险。当时，在自然状态下研究黑猩猩时间最长的纪录是两个半月。

鼓励古多尔去从事黑猩猩考察工作的是路易斯·利基博士。利基博士认为古多尔虽然不是大学本科毕业，没有深厚的动物学知识，但这并不是特别重要的问题，她是一个"不抱成见、不为某种传统观念所束缚的人"，"将怀着对动物的同情心，去研究它们"的人。利基博士认为，要想系统地研究野生黑猩猩的行为估计要在丛林里生活两年。他当时绝对没有想到，这个被他看好的姑娘从此跟野生黑猩猩亲密接触了近 40 年。

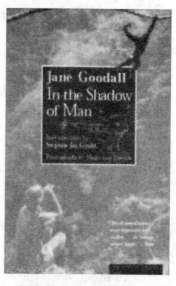

《黑猩猩在召唤》英文版封面

从《黑猩猩在召唤》一书中，我们可以了解到同许多科学研究一样，珍妮·古多尔的考察工作并非一帆风顺。1960 年，古多尔深入丛林开始考察的最初 3 个月，黑猩猩一看见她在山谷外 500 米的地方出现，就立即消失得无影无踪，这常常让她感到十分绝望。古多尔此次野外考察的资金是由一个基金会提供的，对方仅仅提供半年的费用，就在这种困难情况下，古多尔又染上了可怕的疟疾，但在茂密的丛林中却没有任何药物治疗，只能依靠自身免疫力。就在她身体稍稍好转的一个清晨，没有向导的陪伴，古多尔独自爬上了营地后面的山峰。这一次她意外地发现黑猩猩看见她以后竟然没有逃走。这给了她非常重要的启示，并且从此开始了绝对独立的野外考察工作。之后，随着她一次次的不懈努力，黑猩猩允许她靠近的距离逐渐缩短。黑猩猩允许她在近距离活动是在 2 年之后，让她得以进行充分详细的观察是在 4 年之后。

在所有黑猩猩当中，白胡子大卫是最先跟古多尔接近的，因为它的存在，才使得古多尔的考察工作从远距离观察黑猩猩搭窝、爬树和嬉闹向近距离观察推进了决定性的一步。通过古多尔的观察，一个具有牢固、持久关系的物种群体跃然呈现在世人面前：白胡子大卫有着一张漂亮的脸和一副银白色的胡子，胆子最大，是雄性成年黑猩猩中的头儿，他的带头亲近"白皮肤猿猴"很有影响力；特别难看、特别称职的母亲芙洛年纪不小了，每天都背着 2 岁的女儿菲菲、牵着 6 岁的儿子费冈活动，偶尔跟独立生活的大儿子小聚，一家人融洽和谐；还有没有耐性的母亲奥尔莉和她的一双值得同情的儿女……它们有亲情和友情，有自己的交际方式和语言，一些行为都跟人类惊人地相似。

珍妮·古多尔在非洲对野生黑猩猩的研究是目前人类进行的时间最长的考察野生动物活动，从1960年起，只有中学毕业便只身进入非洲森林，与黑猩猩为伍，历时近40年，历尽千辛万苦，终于在动物生活史上揭开了黑猩猩行为的奥秘，成了黑猩猩领域研究的"总统"，统驭了这一领域人类未知的天地，像法布尔之研究昆虫，实在是对整个世界的贡献。

# 三、作者生平

英国著名的动物行为学家珍妮·古多尔1934年4月3日生于伦敦，在英格兰南部的伯恩茅斯长大。她从小痴心于动物，爱读动物故事书，这种早在童年就埋下的兴趣"种子"无疑为她日后献身黑猩猩事业奠定了坚实的基础。

到非洲和野生动物为伴是珍妮从童年起就萌发的一生的梦想，她在18岁那年接到中学女伴邀请她到非洲肯尼亚农场的父母家做客的邀请后，坚决地辞掉新闻电影制片厂里的优越工作，毅然赶赴非洲去实现自己的梦想。一个月以后，珍妮成为内罗毕国家自然史博物馆长、人类学家、古生物学家路易斯·利基的秘书助理。博物馆里的同事都是经验丰富的自然科学家，珍妮跟他们一起进行了一段时间的古生物考察工作，不但获得了野外考察工作的基本知识，而且对黑猩猩这个物种产生了强烈的兴趣。

1960年，珍妮·古多尔前往非洲的坦桑尼亚研究黑猩猩，她不畏艰险，与黑猩猩一起生活了10多年。她掌握了极其宝贵的第一手资料，第一个揭开了黑猩猩神秘王国的奥秘。在研究黑猩猩的过程中，珍妮学习了它们的肢体语言，观察到了别人以前从未看过的行为，她花了大半辈子的时间与猩猩在一起，她甚至能够按猩猩的方式思考。

我们很难想象在森林里，珍妮是怎样生活的。生活的艰苦是可想而知的，观察猩猩的工作绝不是件容易的事情，需要有顽强的毅力。森林里随时都有生命危险，可是这些都没有让她退却，相反她是这样评价自己在森林里度过的时光的："人们常常问我是否思念家里舒适的生活条件，的确有时我想欣赏一段优美的音乐，享受一下阅读文学作品的乐趣。但是坦白地说，除此以外，我在这片丛林里感到很愉快。住在简陋的帐篷里，在可爱的小溪中洗澡，中午的炎热，倾盆大雨，有时甚至有讨厌的小虫，它们都是森林生活的一部分。这是我一直盼望的生活。我从来没有后悔做了这样的选择。"

珍妮对黑猩猩有着深厚的感情，她曾经说："当我看见有些医学科学家实验用的关在笼子里的猩猩或猴子时，就产生在波兰参观纳粹集中营时的感受。"她常常把在非洲各地市场上骨瘦如柴的可怜的黑猩猩收养起来。

珍妮的实地研究改变了人类学的历史，她的爱心、毅力、才智和热情使她成为动物保护领域的杰出人物，她赢得了无数的头衔和奖项，2002 年又被联合国秘书长安南任命为十个"和平信使"之一。

热爱动物的珍妮终于在 1986 年做出人生的抉择，在哈佛大学出版了她的专业著作《贡贝的黑猩猩》之后，转向了环境保护和教育工作。多年来，她目睹了黑猩猩数量的剧减，目睹了他们被猎杀、捕捉、交易以及被用来作为科学实验的对象，她决心用自己的专业知识去帮助黑猩猩。其后的岁月里，珍妮在非洲建立禁猎区，改善动物园里黑猩猩的待遇，关注实验室里对黑猩猩的身体和心理的伤害。在看到一只被关在笼子里多年的黑猩猩乔乔时，她忧伤地写道："乔乔的母亲是在非洲被猎杀的。他还能记得那段生活吗？我心里纳闷。他有时候是不是会梦见那一株株大树、那吹得枝叶轻声作响的微风、小鸟的鸣叫，还有母亲那温暖的怀抱？"令读者为之心碎。

珍妮曾说过丛林是她的天堂，但她不得不走出这个天堂。"因为我看到，人类的破坏行为对许多物种都构成了威胁。我必须走出来，把我所了解的告诉大家，让人们看到自己的残酷，更好地保护自然。"她开始了全世界的旅行和演讲，呼吁大家保护动物、保护大自然。

**珍妮·古多尔**（英国 1934~  ）

　　珍妮最为人折服的就是她对梦想的执著、她的勇气和毅力，对于像古多尔这样具有自然才能的人来说，大自然对于她的吸引力超越了一切。看到动物被虐待、被驱逐，无家可归，珍妮异常痛苦，"它们的痛苦也让我痛苦，因为我爱它们。但是还有许多人不了解动物，无法摆正与动物的'兽际'关系，不能去爱动物。"

　　10年前，在坦桑尼亚的一所中学，当珍妮向孩子们讲述黑猩猩的故事时，孩子们表现出了极大的兴趣，围着她问这问那。珍妮这才发现，原来孩子们对动物一点都不了解。她翻遍了孩子们的教科书，也没有找到这方面的内容。"没有引导，人们怎样去爱所生存的环境和生活在其中的动物呢?"

　　珍妮觉得自己应该为黑猩猩做点什么。1991年2月，16名来自世界8个不同中学的学生聚集到坦桑尼亚，在珍妮住宅的阳台上，他们就动物保护和其他环境问题进行了热烈的讨论。事后这些年轻人回到各自的学校，开始和其他志同道合的同龄人一起建立起了环保社团——"根与芽"。从那时起，在无数热情的学生和教师的支持下，"根与芽"活动开始在世界范围内推行。

　　珍妮·古多尔一生致力于野生动物的研究、教育和保护工作，她的巨大贡献以及《国家地理》为她拍摄的几部精彩的电影使她名扬四海。伊丽莎白二世授予她荣誉头衔。她还获得过多次褒奖，包括在基础科学研究领域极负盛誉的京都奖和国家地理学会的胡博奖，以奖励她在研究、探索和发现方面的突出贡献。

# 竺可桢：《物候学》

## 一、成书背景

竺可桢是我国著名的科学家、教育家，他在地理学、气象学、资料考察、科学史、科研管理、科学普及和教育事业等方面都有重要建树。竺可桢一生积极倡导并身体力行地从事科学普及工作，他一直认为科学普及事业是整个科学事业的一个重要组成部分。他经常在各种场合提出：科学研究的提高与普及是互为因果、相辅相成的。越是高级研究人员，越应带头向群众进行科普宣传；一个科学家从事科普工作的成绩，应该计入他对科学事业的贡献之内。自1916年至1974年的半个多世纪中，他坚持带头进行科普工作，撰写科普讲稿、书籍160余篇，内容除地学、气象学、物候学外，还涉及天文学、生物学、科学技术史等许多学科，读者对象从科学技术人员到少年儿童多个层面。他一生著述丰富，据不完全统计，他的学术论文、科普作品等著述多达200万字以上，对我国近百年来社会、科技、教育、文化的发展都有如实的记录，是难得的研究资料和文化遗产。

竺可桢是我国科普研究的开拓者和先行者，他从事科普事业的工作业绩，以及优秀科普作品将永垂史册。他主持编写的《物候学》全面论述了物候学的发展历史、基本原理和方法。该书是竺可桢的科普创造思想的代表作品，他根据物候学必须服务于农业生产的实际需要，让读者了解什么是物候学的定律及与农业生产的关系，怎样开展物候学研究及发展前景，并广征博引，介绍我国古代的物候学知识及各国物候学的发展等，行文通俗流畅，极富文采。

## 二、内容简介

物候学是研究自然界植物和动物的季节性现象同环境的周期性变化之间的相互关系的科学，它主要通过观测和记录一年中植物的生长荣枯，动物的迁徙繁殖和环境的变化等，比较其时空分布的差异，探索动植物发育和活动过程的周期性规律，及其对周围环境条件的依赖关系，进而了解气候的变化规律，及其对动植物的影响。它是介于生物学和气象学之间的边缘学科。

竺可桢是我国现代物候学发展的推动者，他从 1918 年回国后，就开始每天观察记录物候和天气。特别是 1950 ~ 1973 年的 24 年中，他每天起床的第一件事就是测量气温、气压、风向、温度等气象要素，还记录每年北京北海公园冰冻和融化，植物开花，燕子归来、布谷鸟初鸣等物候现象的日期，积累了大量丰富的资料。在此基础上，竺可桢以唯物辩证法的基本规律，探讨物候的内因和外因，与他的学生、同事宛敏渭先生合作写出了享有盛誉的《物候学》。

竺可桢数十年如一日孜孜不倦地亲自进行物候观察，整理收集古籍中的物候记载，把物候与农业联系起来，服务于农业生产。1963 年出版，1973 年增订重印的《物候学》一书，是竺可桢多年研究物候的结晶。他结合我国的实际，系统地介绍了物候学的基本原理、我国古代的物候知识、世界各国物候学的发展、物候学的基本定律、利用物候预告农时的方法等。1973 年重印本中增加的"一年中生物物候推移的原动力"一章中，他应用唯物辩证法，阐释了物候变化的内外因素及其联系，由于物候变化原因的复杂性，他提出应从生理学、遗传学等方面探索其奥秘。他还认为，物候工作是群众性的工作，希望能在农村广泛开展起来。全书深入浅出、通俗易懂，具有较高的科学性、知识性。

竺可桢一生在气象学、气候学、地理学、自然科学史等方面的造诣都很高，而物候学则是他呕心沥血，做出了重要贡献的领域之一，我国现代物候学的每一个成就都是和他的工作分不开的。

《物候学》是竺可桢众多科普著作中的一颗璀璨的明珠。是他坚持求是精神、立足祖国乡土，以科学方法、独创精神，倾注毕生心力的不朽科普杰作，内容充实，立论严谨，文字通俗、生动，具有文学色彩，是我国优秀科普图书的典范。这本既传播科学知识，又切合实用的好书，受到生产实践者的欢迎。该书是历史文献结合科学观察的科普著作，将我国物候学带入了新纪元。

## 三、作者生平

竺可桢字藕舫，是我国著名的科学家、教育家，1890 年 3 月 7 日出生于浙江绍兴东关镇一个小商人家庭。童年起，竺可桢学习勤奋，1905 年以各门功课全优的成绩从小学毕业，当年秋季入上海澄衷学校。1908 年春，因同学要求撤换不称职教师举行罢课，学校一度停办，竺可桢乃于暑假后转入复旦公学学习。1909 年，竺可桢考入唐山路矿学堂学习土木工程，学习成绩居全班第一。次年，竺可桢考取第二期留美庚款公费生，他因中国是以农立国，遂选入伊利诺伊大学农学院学习。毕业后，即转入哈佛大学地学系，潜心研读与农业关系密切的气象学。

在哈佛，竺可桢参加了中国科学社《科学》月刊的撰稿、编辑工作，成为该社的重要骨干。1915 年竺可桢获得哈佛大学硕士学位后，留在哈佛继续深造。这期间，他先后发表了《中国之雨量及风暴说》、《台风中心之若干新事实》等多篇论文，于 1917 年被接纳为美国地理学会会员，并获伊麦荪奖学金。1918 年，竺可桢以论文《远东台风的新分类》获哈佛大学气象学博士学位，随即怀着一腔报国为民的激情，于秋季返回阔别了 8 年的祖国。

带着"科学救国"的热情和"贤哲政治"、"学术自由"的幻想，竺可桢回到祖国，谢绝了到海关任监督的邀请，应聘去武昌高等师范学校教授地理和气象学。1920 年，他转到南京高等师范任地学系主任。1925 年，因不满校长卑躬屈膝逢迎江苏督军齐燮元，竺可桢辞去教职，去上海商务印书馆工作。翌年，又转到天津南开大学教授地理学和气象学。1927 年，蔡元培出任中央研究院院长，竺可桢被聘为气象研究所所长。

1928 年初，竺可桢任气象研究所筹备处主任，他利用一年时间，建立起一座当时先进的设备完备的气象台，矗立于北极阁之巅。此外，还相继开展了地面和高空观测、日射观测、空中电位观测、物候观测、微尘观测、天气预报、气象广播兼及地震测量等业务和研究工作，1930 年元旦起我国有了自己发布的天气预报和台风警报。

为创建我国气象事业的基础，竺可桢将推动建立我国自己的气象台站网列作首位任务，他于 1928 年提出了《全国设立气象测候所计划书》，而后坚持加以推行。为适应各地建立台站需要，竺可桢领导气象研究所先后 4 次举办培训班，并亲自授课，培养了近百名业务骨干，他还编写出版了《测候须知》、《国际云图节略》等多种业务指导用书，并以各种方式向各地积极提供帮助。经过长期不懈努力，到抗日战争前夕，全国的测候所、雨量站已发展到 300 余处。在这一进程中，竺可桢为整顿和统一全国气象业务，曾拟出《全国气象观测实施规程》，通过政府颁令全国实施，还在 1930～1937 年间连续主持召开过 3 次全国气象机关联席会议，使我国气象事业的发展逐步走向统一规范化的轨道。竺可桢还将气象资料的整理、出版视为气象事业的一项基础工作，予以重视。他领导气象研究所编纂了《中国之雨量》、《中国之温度》等巨著，还将气象资料按月、季、年定期出版，开展了经常性的气象资料服务工作。

1936 年 4 月，竺可桢出任浙江大学校长，提出以"求是"二字为校训。1937 年抗日战争爆发，他带领浙大师生历尽艰辛，将学校先迁建德，又迁江西泰和，1938 年夏再迁广西宜山，一年后又迁到贵州遵义。这时全校设有文、理、工、农、医、法及师范 7 个学院，拥有许多专家和学者，学术空气浓厚，被英国著名生物学家和科学史家李约瑟称誉为"东方的剑桥"。抗日战争胜利后，浙大于 1946 年迁回杭州。在反内战、反饥饿斗争中，他支持学生正义行动，严厉谴责国民党反动派杀害浙大学生自治会主席于子三的罪行。杭州解放前夕，国民党教育部一再促他赴台，他为避免纠缠而避往上海。

上海解放不久，竺可桢应邀到北京参加全国科学工作者代表大会筹备会，随后出席中国人民政治协商会议。中国科学院成立后，任副院长，他着手筹建中国科学院地理研究所，并担任地理学会理事长。曾先后主持完成划分中国自然区划和制定国家大地图集。1955 年至 1960 年间，竺可桢不顾年事已高，经常到西北黄土高原、新疆、内蒙古等地考察，其作风和事业心，深受广大学者推崇。1962 年 6 月，他加入中国共产党。1963 年，根据他在全国人民代表大会上的建议，设立国家科委领导下的自然保护委员会。1950 年在北京定居后，他坚持天天观察记录物候变化，直到临终前一天，还用颤抖的手在病床上记下了当天天气情况。1974 年 2 月 7 日在北京逝世。

气候学是竺可桢一生用力最多、成就最大的一个研究领域。在研究中，他以科学态度、现代方法，驰骋于我国特别丰富的古代文献中，取得具有国际水平的成果，蜚声国际科学界。自 1934 年起，他在我国组织物候观测，1962 年发起组织了全国物候网，物候观测至今一直在进行。他主持编写了《物候学》这一经典著作，还在《一年中生物物候推移的原动力》一文中，通过气候环境与动植物体内因素间的相互作用与影响，探讨了生物物候的变化，奠定了我国物候学的基础。

竺可桢作为地理学家，历来主张要利用自然，必须首先认识自然，而自然是个统一的整体，必须综合、全面去认识。因此，随着国民经济建设的发展，他倾注很大精力于自然资源综合考察工作。以极大的热忱领导制定了综合考察工作的方针、任务，组织并亲自参加了一系列的地区综合考察。他多次去黄河中游考察水土流失情况；去海南岛和西双版纳考察橡胶种植环境及热带资源开发利用情况；去黑龙江流域考察水能资源的开发和利用，直至 71 岁高龄，还曾登上海拔 4000 米的阿坝高原和深入雅砻江的峡谷。为了开拓综合考察事业，竺可桢走遍了祖国的东西南北，他最后一次到河西走廊考察时已是 76 岁高龄了。

科普工作是竺可桢矢志振兴中华、毕生用力的一个重要方面。他一直认为，科学研究的提高与普及是互为因果，相辅相成的。越是高级研究人员越应带头向群众进行科研成果的科普宣传。长期以来，他坚持带头进行科普工作，在他一生的 300 多篇论文著作中，科普作品多达 150 篇，并且内容涉及面很广。在地理方面，如何谓地理学，中国地理环境，地理对人生之影响，地理与文化之关系等。在气象方面，如介绍气象发展史和气象科学内容，气象学与人生、农业、战争的关系，具体介绍台风、冰雹及水旱灾害等科学知识。除地学以外，还涉及生物、天文、医学、航空、历史上的科学家等许多方面。著有《我国五千年气候变迁的初步研究》、《远东台风的新分类》、《东亚天气类型的初步研究》、《中国气流之运行》、《东南季风与中国雨量》、《气候与人生及其他生物的关系》、《论我国气候的若干特点及其与粮食作物的生产关系》、《论新月令》等。他运用浅显、简练、生动的语言和为人喜闻乐道的事例，破除迷信，宣扬科学精神，对提高人民的科学素养，推动社会进步和经济发展，产生了积极影响。

# 托马斯:《细胞生命的礼赞》

## 一、成书背景

刘易斯·托马斯,在美国是一个家喻户晓的名字,许多读者对这位美国著名医学家、生物学家极为推崇,并痴迷于他优美的文笔,信服他透彻的说理,钦佩他的机智幽默。他对于人心灵的影响力,绝不亚于马克·吐温。然而,他并非文学大师,而是一位杰出的科普作家。阅读他的作品,体验他的丰富学识与历练的智能结晶,将是一次最具启发性的跨时空的知识思辨之旅。

托马斯的《细胞生命的礼赞》一书是一个医学家、生物学家关于生命、人生、社会乃至宇宙的思考,其内容博大而深邃,信息庞杂而新奇,《细胞生命的礼赞》一书,从题目看来显得很驳杂,但实际上却有着共同的主调。托马斯谈音乐、谈气味、谈语言、谈细菌、昆虫和其他星球,其实都是谈一个主题:通过交流与合作来达到生命的和谐,他对于自然界的前途是持乐观态度的。他看到,自然界众生之道是趋向结合、合作、和谐,而不是弱肉强食的竞争和残杀。托马斯的书之所以受到广泛的欢迎,可能就是因为它们给人以积极的启迪和力量。

该书不仅可以使读者开阔眼界,还能激发思索,而作者文笔又少见地优美、清新、幽默、含蓄,无愧当今科学散文中的大家手笔。他那时而行云流水、时而风云骤变、风趣的笔触,他那极其广博、知其然而又知其所以然的科技和人文知识,受到无数读者的喜爱。该书1974年出版后,立即引起美国读书界和评论界的巨大反响和热烈欢呼，获得当年美国国家图书奖，此后20多年来被重印了20多版，至今畅行不衰！年过花甲的刘易斯·托马斯的名字因这一本小书而家喻户晓，有口皆碑，以至于在他出版其他著作时，书商都不用再做广告，只喊声"《细胞生命的礼赞》一书作者刘易斯·托马斯的新著"就够了。

## 二、内容简介

1970年，在一次关于炎症现象的讨论会上，主办者要德高望重的刘易斯·托马斯来一番开场白，给会议定个基调。由于不知道与会者要提出什么观点，托马斯只好随意独抒己见。他讲得十分轻松，为的是让会议不像平常这类讨论会一样沉闷。托马斯讲话的部分内容就是《细胞生命的礼赞》中《细菌》一篇。没想到主办人将他率意为之的讲话录音整理，分发给与会者，并送了一份给《新英格兰医学杂志》。该杂志的编辑原是托马斯高一年级的校友，他非常喜爱托马斯这篇讲话的格调，于是就约托马斯写一组风格类似的专栏文章，每月一篇，内容自便，编辑不改一字。托马斯起初抱着听命于老大哥的心情连写了6篇，便央求罢手。但此时读者和评论家已经不允许杂志和托马斯停止他们的专栏了。于是，托马斯只好继续写下去。后来这些文章被一家出版社原样付梓，于是，1974年以排在前头的一篇为名的这本《细胞生命的礼赞》问世了。

在这本书中，托马斯秉持了他一贯的人道关怀和清晰明亮的写作风格，加上生物医学的专业素养，在书中娓娓道出对自己本行的热爱、当代重大的医学课题，以及对整个地球的关怀。他从宇宙谈到DNA，从混沌的太古谈到未知的将来，从生命的起源和存在的意义到生物的变异和进化，从剖析死亡的涵义和语言的奥妙到关怀人类与生物的互动和环境的冲击……全书共收录了29篇文章，所涉及的内容十分广泛，作者的视野开阔，拥有令人惊奇的科学想象，书中充满智能的哲思。

这本书讲的是生命和死亡、人和自然的大题目。托马斯用自己特有的方式，谈生谈死，无论是出于医生的职业习性，还是出于诗人的善感，对于死亡,托马斯·刘易斯一直保有浓厚的兴味,并有着惊人的发现和新鲜的见解——经过留神观察,他对动物"独个儿去死,在背人处死"的本能惊叹不已,由于这种伟大的本能,才使得"我的后院,有的是松鼠,满院都是,一年四季都在,但是我从来也没有在任何地方见过一只死松鼠,这使我们可以在大部分的时间忘了死亡这件事"。这行云流水般的文字,表现了作者的豁达,也宽慰了潜意识里无不对死亡深怀畏惧的人们。这是一般意义上的科普读物或是绵软无力的文人之笔所无法达到的,是艺术大家的锦绣肺腑和科学大师的健劲骨骼,成就了它的内秀、质朴和丰富。

这些文章,我们可以当诗来欣赏,其奔放不羁的哲思,其蕴藉缭绕的结构,其字里行间不尽的余味,使人觉得就是在读无韵的诗。不过,假如我们稍稍了解一点这些美文背后的严肃的研究,我们可以通过这些别具一格、引人入胜的文章,领略其中的内涵。托马斯一生研究过非常广泛的领域,写下200多篇学术论文,涉及神经病学、免疫学、内毒素、胚胎学、气味学,以及多种疾病的病理学和药理学研究等。他甚至兴致勃勃地研究过比较语言学和汉语词源学。书中的大多数篇章,都来自他本人的直接研究成果。也有些篇章是有感而发和有为而作的。比如,第二篇写于人类第一次登月成功之际,面对人们对"月菌"的警惕,揭出了这种态度深处的人类沙文主义本质;关于计算机的一篇,是有感于当时某些科学家对人工智能的夸大;有几篇关于医疗保健制度和科学规划的,乃是作者对于这些方面社会问题的深思熟虑。

此外,《细胞生命的礼赞》给我们带来了一种现代人看待世界的观念,那不是一种刻板的"科学知识"或"科学规律",而是从人本意义上对科学的理解。比如,我们发展医学,究竟是为了医学技术本身,还是最终为了人?《细胞生命的礼赞》思考问题的方式和作者在观察每一种生命、讲述每一个现象时的博大胸怀和情趣,都让读者享受无穷。

# 三、作者生平

很难用一个专有名词来概括刘易斯·托马斯的地位,他是医生、生物学家、教授,也是行政官员,还是诗人和散文作家,他1913年生于纽约城边的一个小镇医生的家庭里。父亲救死扶伤的一生对托马斯影响很大，长大后，他也选择了从医之路。

托马斯受教于普林斯顿大学和哈佛医学院，毕业后做过实习医生，参加过第二次世界大战。战后的繁荣时期，他辗转并领导了好多个教学、科研和医疗机构，历任明尼苏达大学儿科研究所教授、纽约大学——贝尔维尤医疗中心病理学系和内科学系主任，在耶鲁大学任医学院院长数年之后，他又接任纽约市癌症纪念中心斯隆—凯特林癌症研究所所长，并荣任美国科学院院士。

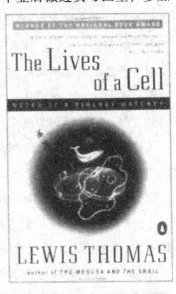

《细胞物的礼赞》英文版封面

托马斯本具文才，做实习医生时，受同事怂恿，他经常写诗，赚取稿酬，用以补贴不足的日用。1941 年他发表于《大西洋月报》的一篇《黄金时代》，是关于未来的热核战争的，写出他对人类前途的殷忧和悲悯。托马斯不仅喜欢诗歌，还非常热爱音乐。在他的头脑里，混响着自然、社会和艺术的全管弦交响乐。他极为推崇巴赫，他的思想有着巴赫般的复杂性——兴趣广泛、学识渊博、胸怀博大。托马斯之所以喜欢音乐，是因为音乐高于个别的生命形式，音乐为所有生命形式所共有；音乐高于任何科学技术，科学技术会过时，而音乐则是永久的。因此在他的很多文章里，都涉及音乐方面。后来由于工作繁忙，托马斯只好把他的诗笔和音乐束之高阁，而专心于严峻的科学研究，去做那些刻板的学术论文。

托马斯做过纽约市的卫生官员，1967 年还被任命为总统科学顾问委员会委员。1968 年，鉴于医疗费用的增高，白宫令委员会研究一下美国现行保健制度在科研方面的需求。托马斯领导一个小组工作了一年，得出的结论是，"半拉子技术"我们负担不起。要降低医疗费用，就要突破这种"半拉子技术"，真正认识自己，认识疾病，这就要政府把更多的资金用于"有风险"的基础研究。小组的报告由于越战而被搁置。后来，在尼克松执政时期，连科学顾问委员会本身也由于反对反弹道导弹计划和超音速飞机计划而被取消。过了几年，1978年，作者又在《华尔街日报》著文，重申这些主张。由此可以看出托马斯对于这些社会问题的执著的关心。

1970年，托马斯任耶鲁大学医学院院长时，应邀在一个关于炎症的学术讨论会上做"定调演说"，他轻松幽默的泛泛而谈被录了音。后来演说的整理稿传到了《新英格兰医学杂志》主编的手里，主编请托马斯为他的月刊写一系列短文，后来结集成书，这就是受到广大读者喜爱的《细胞生命的礼赞》。此外，他还著有《水母与蜗牛》、《最年轻的科学》等书，都十分畅销。

1994年，这位多才多艺的大师不幸逝世，这既是科学界的一大损失，亦是文艺界的一大损失。

# 道金斯：《自私的基因》

## 一、成书背景

随着人类基因组工程的完工，"基因"一词也被广大媒体以极大的热情四处传播，已经从教科书上走入大众的生活领域。基因是指携带遗传信息的DNA序列，是控制性状的基本遗传单位。基因通过指导蛋白质的合成来表达自己所携带的遗传信息，从而控制生物个体的性状表现。很多科学家在基因研究领域做出了杰出贡献，其中英国科学家、著名科普作家理查德·道金斯是杰出的一位。

理查德·道金斯认为，生物的个体和群体只是基因的临时承载体，只有基因才是永恒的，基因既是遗传的基本单位，也是自然选择的基本单位，而且，基因的本质是自私的，它们控制了生物的各种活动和行为，目的就是为了使基因本身能更多、更快地复制，只要能达到这一目的，基因是无所不为的。不同的基因组合在一起，是基因之间的一种互相利用，目的也是为了更好地复制。不同的生物运载着不同的基因组合，好的组合所包含的基因都能成功地扩增，承载这些基因组合的生物也能兴旺发达，而不好的组合会导致所包含的基因的扩增不那么成功，承载这些基因组合的生物也会衰亡。

为了使普通大众从基因的自私性这一方面了解生物的兴衰史，亦即生物的进化，道金斯于1976年出版了《自私的基因》一书。该书融知识性、专业性、形象性于一炉，以独特的视角将公众毫无阻碍地带到全新的生物学领域，使人们过去认为不可能的事情变成了现实：即使用简单的、非技术性语言去表述玄妙的、半数学化主题的生物学技术，尤其是进化理论的最新进展。书中的见解新颖、独特，它经历了一个欢迎、争议、再接受的过程，等到其新版问世时，"它所表达的许多主旨已成为教科书中的基本思想意识"，不仅使很多生物学家们从中有所收获，而且在全世界范围内产生了史上空前的轰动效应，道金斯也由此而声名大噪。

## 二、内容简介

基因的存在最早是由孟德尔在 19 世纪推断出来的，并不是观察的结果。在达尔文发表进化论后不久，他试图通过对豌豆进行试验来解释该理论。但是直到 19 世纪末他的研究才被人们所重视。现代遗传学家认为，基因是 DNA（脱氧核糖核酸）分子上具有遗传效应的特定核苷酸序列的总称，是具有遗传效应的 DNA 分子片段。基因位于染色体上，并在染色体上呈线性排列。基因不仅可以通过复制把遗传信息传递给下一代，还可以使遗传信息得到表达。不同人种之间头发、肤色、眼睛、鼻子等不同，是基因差异所致。

尽管达尔文的自然选择进化学说是研究社会行为的关键所系，但却一直为许多人所忽视。甚至在生物学领域中，忽视和滥用达尔文学说的情况一直令人诧异。道金斯在《自私的基因》中把自然选择的社会学说的这一重要部分，用简明通俗的形式介绍给世人，这可以说是首开先例的。道金斯认为某一物种比另一物种高尚是毫无客观依据的。不论是黑猩猩和人类，还是蜥蜴和真菌都是经过长达约 30 亿年之久的所谓自然选择这一过程进化而来的。每一物种之内，某些个体比另一些个体留下更多的生存后代，因此，这些得以繁殖的幸运者的基因，在其下一代中的数量就变得更加可观。基因的非随机性的区分繁殖就是自然选择。自然选择造就了我们，因此，要想了解我们的自身特性，就必须懂得

《自私的基因》英文版封面

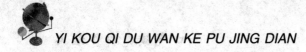

自然选择。

在本书中道金斯将社会学说中的主要论题逐一做了介绍：如利他和利己行为的概念、遗传学上的自私的定义、亲族学说（包括亲子关系和群居昆虫的进化）、性比率学说、相互利他主义、欺骗行为和性差别的自然选择等。道金斯以生物学研究上的进展及自己的理解为基础，将生物进化的单元或层次确定于基因，并通过伦理学语言的运用，说明基因的基本特性就是"自私"。道金斯认为基因为达到生存的目的会不择手段。如动物照料它的后代，从生物个体的角度来看，这也许是一种利他行为。但是正是因为基因控制着这种行为，它才能通过动物照料后代的这种利他行为完成自身的复制，使其自身得以生存。所有在生物个体角度看来明显是利他行为的例子，均是基因自私的结果。基因惟一感兴趣的就是不断重复地拷贝自身，并在进化过程中争取最大限度地生存和扩张。由于基因掌握着生物的"遗传密码"，因此，一切生命的繁殖演化和进化的关键最终都归结于基因的"自私"。

基因是如何面对生存竞争的呢？作者在书中举出了大量的动物行为，生动地描述了基因如何通过博弈，不断建立更为完善的生存策略。博弈的前提是所有的竞争者都只为自己的利益考虑。所谓自私，不过就是争取自身的生存。为了自身的生存的策略是多种多样的，并不只是把对手吃掉一种。道金斯非常内行地介绍了多种生存策略。比如，"如果你比对手小，就逃走；如果你比对手大，就进攻"，恃强凌弱，这就是我们人类非常熟悉的一种生存策略，谁胆敢打破这一切，必定头破血流。

道金斯认为："我们都是生存机器——为一种被称为基因的自私分子而被隐蔽地输入了程序的机器人载体。"相对于自私的基因，他创造了一个相对应的词——谜米（meme），一个用来传达"文化传播单位"的概念。与基因类似，谜米也能复制、变异、遗传等。如音乐旋律、政治口号、牛顿定律、设计图纸、科学著作、小说、诗歌等等，都是由各种谜米构成的，都能通过谜米不断复制、世代传播。人的肉体终有一死，但人创造的"谜米"，却可以相对永生。柏拉图、老子的思想谜米，并不因为柏拉图和老子的离世而失传，它以图书的形式保留，更以观念的形式驻留在世代思想家和大众的大脑之中。

在《自私的基因》一书中作者用前 10 章讲第一种复制器，基因复制器，在第 11 章论述了第二种复制器，谜米复制器。作者声明，对于后者，其作用还无法判定，他说："如果读者带着 DNA 并不是形成达尔文进化论基础的惟一实体的认识，合上这本书的话，那么第 11 章就是成功的。我的目的只是减少基因的分量，而不是去刻画人类文化的最主要的理论。"

由于道金斯在生物学方面的造诣颇深，他能够使读者领略生物学文献中的丰富多彩和引人入胜之处。作为新达尔文主义的代表性著作，《自私的基因》一经出版，便以其少见的优美、清新、幽默、含蓄的风格，引起美国读书界和评论界的巨大反响和热烈欢呼，获得当年美国国家图书奖。之后，随着各种语言译本的出现，道金斯与他的这本科普经典走入越来越多的读者视线，在全世界范围内获得广泛的影响。

# 三、作者生平

理查德·道金斯是英国著名科学家，1941 年出生于肯尼亚的一个农学家家中，幼时接受了良好的启蒙教育，长大后回国就读于著名的牛津大学，在动物大师、诺贝尔奖获得者廷伯根指导下读研究生，后获得动物学博士学位。毕业后，在美国加州大学伯克利分校任教。1970 年起，他回到牛津大学担任动物行为学讲师，1989 年任动物学荣誉讲师，后提升为教授，成为廷伯根的学术继承人。作为一个生物学家，道金斯称其所从事的专业——动物学是

理查德·道金斯（1941 ~  ）

一项很伟大的职业。他认为研究动物学有极为深远的意义：因为宇宙万物之中，地球上的动物当属最为复杂、设计最为完美的"机器"了。

在牛津大学任教期间，道金斯教过一个很有个性的女学生，每当他在课堂上向她提问的时候，"她总是紧闭双眼，深深地低下头，一会儿之后，又忽然地抬起头，睁开双眼，极为流利而聪明地回答问题"。有一天中午，道金斯

和几位同事共进午餐。为了活跃气氛，他特意在回答一位同事的提问前模仿了这位学生的表现方式，并表明这是他的一名学生在回答问题之前的习惯。在座的同事中有一位是牛津大学的著名哲学家。他看到模仿之后不假思索地脱口而出："维特根斯坦！"道金斯说："是的！她的父母都是专业哲学家，而且都是维特根斯坦的忠实信徒……"这一事件促使了道金斯对人类遗传基因的思考。

1976 年，道金斯出版了《自私的基因》，在书中，他提出一项崭新的观念：基因是最自私的，所有生命的繁衍、演化，都是基因为求自身的生存和繁衍而发生的结果，更严酷地说，我们只不过是机器人的化身，是基因在主宰我们这部机器！在《自私的基因》一书的末尾，道金斯提问道："在文化领域是否存在着类似基因在生物进化中所起作用的东西呢？"他的回答是"有"的。为此他仿效"gene"（基因）创造了"meme"（谜米）作为社会遗传的基本单位。根据牛津英语词典的解释，谜米是文化的基本单位，通过非遗传的方式、特别是模仿而得到传递。该书一出版立即成为畅销书，道金斯因此而名扬天下。此后，道金斯就坚持以基因的眼光看待这个世界和他的研究工作。

道金斯是继萨根逝世后，世界上最著名的科普作家，先后出版了《伊甸园之河》、《延伸的表现型》、《盲人钟表师》、《拆散彩虹》等名作。道金斯写作始终奉行着一个原则，他不仅希望他的同行们能在自己的作品中发现新内容，甚至受到启发产生出新的观点，而且希望一般读者也能接受他的思想。为了让这些读者能够读懂自己的书，道金斯的大多科普作品中很少使用术语。如有不得已使用专门性词语的地方，他全都一一详加说明。他一直试图以通俗的语言把复杂艰涩的思想大众化，但又不丧失其精髓，这一原则使他的作品大多成为引人入胜、扣人心弦的读物，深受读者好评。

# 加德纳:《啊哈! 灵机一动》

## 一、成书背景

他没有数学博士学位,但是他的作品能让数学家也为之着迷;他曾经是原教旨主义者,然而现在他是一个伟大的无神论者;他精通魔术,并且擅长揭露形形色色的伪科学:他的作品带领读者在世界各地神游,但是他本人却在长年住在北加利福尼亚的家中,很少出门:他已经写了上百本书——也许只有科普作家阿西莫夫的作品数量能超过他——其中甚至还包括童话! 在当今世界上最著名的科普作家名单里,除了卡尔·萨根、艾萨克·阿西莫夫、理查德·道金斯之外,他的名字肯定会出现。他就是在美国几乎家喻户晓的马丁·加德纳。

加德纳曾被斯蒂芬·古尔德誉为"美国的国家财富",获得过各种各样的荣誉,他连获美国物理学会及美国钢铁基金会的优秀科学作者奖,他的肖像曾在《生活》杂志及《新闻周报》上刊登过。尽管他从来没有当过教授,但世界各国许多第一流的数学家一听到他的名字,无不肃然起敬。

加德纳是个讲解数学问题的高手,从1957年开始,他在著名的科普杂志《科学美国人》主持了25年"数学游戏"专栏,编造、改造、创造了很多稀奇古怪的故事和游戏,让读者陷在代数、几何、概率、拓扑、图论、数论、集合等数学问题里不能自拔。这些文章已经结成了多个集子,其中1978年出版的《啊哈! 灵机一动》一书,迄今已有中、法、日、德、俄等各种文字的译本,即使在科普最不景气的时期,它在我国的印数也一举突破了10万册。

## 二、内容简介

说到智力问题，我们几乎无法绕过马丁·加德纳，这位闻名全球的科普作家，他思路开阔，想法怪异，许多需经过复杂计算和较大周折的难题，到他面前，便能通过他的数学和逻辑工具变得通畅而简捷。他一生不遗余力地宣传数理科学，上自拓扑、群论，下到算术、代数，吸收了无数群众进入数理科学的殿堂，他的功绩是不可磨灭的。

马丁·加德纳知识非常渊博，《啊哈！灵机一动》一书内容丰富，从最简单的算术、代数到莫测高深的拓扑学、超穷数，覆盖面之广泛，"热点"之众多，令人侧目。每个读者都可以"各取所需"，从书中找到适合自己的文化程度，又感兴趣的篇章。该书的内容可以分为组合、几何、数字、逻辑、程序以及语词六类。每一类内容都比较宽泛，不同类之间亦有交叉。有时在这一类中讨论的问题，在下一类中的某个地方可能还会触及，对每一个问题作者都力争从一个有趣的故事出发，围绕着这个故事引发开去，使读者在兴致勃勃中解决问题，通过情绪的协调来激发读者超常的思维。

本书中的每一个问题都配有加拿大画家吉姆·格林先生绘制的简明示意图，问题之后还附有说明。这些说明使问题逐步深入，把我们带入五光十色、扑朔迷离的现代数学王国。

在普通人眼中，数学往往是高深莫测、枯燥乏味的，而在加德纳的笔下，一个个抽象的数学问题变得趣味十足。比如，如果说上帝是全能的，那他能不能造出一块自己搬不动的石头呢？因为上帝无所不能，所以他能够造出来任何一种石头，所以上帝能够造出一块他自己也搬不动的石头，所以上帝并非无所不能——他竟然连自己造出来的石头都搬不动。上帝是否存在，如何存在，本来是一个玄奥的形而上问题，经过这样的提问，竟然被莫名其妙地化解了——实在是怪异得很。这个有趣的问题只不过是《啊哈！灵机一动》一书中的一个例子而已。

数论、图论、概率论、群论、矩阵、组合分析、仿射几何、射影几何、差分学、算法理论、拓扑学这些高级专题历来被认为是"阳春白雪"，曲高和寡，一般科普作家总是感到十分头痛而碰都不敢去碰的。然而马丁·加德纳却从中发掘出了大宗宝藏，这就使得他高出同行之上，独树一帜。在这方面，就连历来著名的苏联数学科普作家别莱利曼也比不上他。

令人惊异的是，马丁·加德纳本人竟然没有受过"数学方面的正规的高等教育"。他能够成为个中高手，是出于对纯粹智力活动的热爱，而这种热爱使他的文章富有魔力。

加德纳语言诙谐，文笔生动，懂得读者心理。他的文章能满足社会各阶层的需要。《啊哈！灵机一动》趣味性极强，雅俗共赏，看一眼就能把你"抓"住不放，又不需要很多预备知识，使你情不自禁地跃跃欲试。

## 三、作者生平

1914 年 10 月 21 日，马丁·加德纳生于美国俄克拉荷马州。他从小就十分聪明，在他上小学 3 年级时，一次有位数学老师拿出 10 只塑料杯，一字排开，左边 5 只倒满红色水，右边 5 只空着。他问学生：只准动 4 只杯子，你能让这一排盛水杯和空杯子交错排列吗？很快，许多同学举手回答：将第 2 只与第 7 只，第 4 只与第 9 只互换位置。老师肯定了学生的回答，接着问：我把杯子再复归原样，现在只准动 2 只杯子，能否同样达到交错的目的？

教室一片寂静，同学们面面相觑。这时有一位学生，他不慌不忙地走向讲台，拿起第 2 只杯子把里面的红色水倒进第 7 只空杯，又拿起第 4 只杯子把里面的红色水倒进第 9 只空杯，再各自放回原处，空杯与满杯已交错排列。

这个孩子就是马丁·加德纳。他移动了 2 只杯子却改变了 4 只杯子的盛水。老师高兴地赞扬了马丁。接着老师挪开了 7 只杯子，桌上只剩下 3 只空杯。他从抽屉取出 10 枚贝壳，问：谁能将这 10 枚贝壳分装进 3 只塑料杯子，使每只杯里都是单数？

《啊哈！灵机一动》英文版封面

同学们再次思考，并尝试各种方案，均告失败。马丁·加德纳又一次走上讲台，把 10 枚贝壳平均放进 2 只杯里，然后拿起其中一只杯子套入第 3 只空杯中。

老师大声赞道："马丁，你真会动脑筋，能说说你是怎样想的吗?"小马丁说："贝壳的数目不会变了，我们只能在条件允许的范围内在杯子上想办法，这样，我想到了这个做法。"

马丁·加德纳（1914～　）

马丁·加德纳的思路，使同学们茅塞顿开，思如潮涌，顷刻也想出了好些办法。

1936 年加德纳毕业于芝加哥大学，学的专业是哲学。在进入大学之前，他是一个新教原教旨主义者，相信上帝在 7 日之内创造了世界。通过理性的思考，在大学中他的信仰消失了，在随后的年月中，他成了一位怀疑论者（在美国，怀疑论者差不多就是无神论者的代名词）。毕业后他在家乡的报社担任记者。第二次世界大战期间他成为了美国海军的随军记者，曾到过印度、菲律宾、东南亚、土耳其与中、近东许多国家和地区，见闻甚广。战后，他开始了自由撰稿人的生涯。

1957 年，加德纳在《科学美国人》杂志上开设了一个数学游戏专栏，这个专栏一直延续了 1/4 个世纪，直到 1981 年才宣告结束。正是这个专栏确定了加德纳在趣味数学领域的地位。在《科学美国人》杂志上撰稿的，一般都是各个科学、技术领域中的专家。众所周知，很少有人在这家杂志上发表过 2 篇以上的文章，罕见的例外就是加德纳。他从 1957 年第一期开始，一直写到 1980 年年底，整整 24 个年头，几乎月月有文章，前后不下 200 多篇。

加德纳不仅在数学领域有所建树，在其他方面也有突出表现，他在十一二岁的时候第一次读到了《爱丽丝漫游奇境》这部作品，然而没有留下什么深刻的印象。到了芝加哥大学，当加德纳重新捧起这本书的时候，他突然被其中的情节深深吸引住了。这便是他对于卡洛尔的作品和卡洛尔本人研究的开始。起初，他认为有人会为《爱丽丝漫游奇境》写注释。他常常建议出版商找哲学家勃兰特·罗素写《爱丽丝漫游奇境》的注释本（据说原版插图的帽匠的形象就来自于罗素），然而罗素回答说他无意写这样一本书。于是，加德纳打算自己写一个《爱丽丝漫游奇境》的注释本。

1960 年，加德纳终于找到了愿意出版此书的出版商。在这本叫做《注释版爱丽丝》的书中，加德纳以一个卡洛尔作品爱好者的热情，给出了相当精彩的注释：包括介绍作者的背景、解释书中的历史、传说和诗歌、学者的评论和对某些情节的争论，甚至还挖出了一些隐藏在文本之中的文字。

加德纳在出版这本书的时候大概没有想到，正是这本书让他成为了世界上最有名的卡洛尔研究专家。此后，加德纳还出版了《手绢里的宇宙》，介绍了卡洛尔的一些数学游戏。除了卡洛尔的作品，加德纳也撰写过《注释本绿野仙踪》。他甚至还为《绿野仙踪》写了一个续集，在这部叫做《奥兹国的客人》的小说中，多萝西等人来到了现代的纽约！

除了进行数学科普的创作，对伪科学进行有力的反击也是加德纳的拿手好戏。早在 1952 年，加德纳就撰写了一本全面批判当时美国流行的伪科学理论的著作：《狂热与谬论：以科学的名义》。这本书被认为是对于超自然现象怀疑论的经典著作。在这本书中，加德纳全面剖析了种种伪科学奇谈怪论，其中有些怪论至今仍在流行。最为绝妙的是，当我们看到加德纳对于“狂人科学家”的描写，就会发现，这与今天叫嚣“推翻相对论”、用初等数学“破解哥德巴赫猜想”的“民间科学家”是何等的相似。加德纳把这种人的特点总结如下：1. 认为自己是个天才。2. 他认为，他的同行们毫无例外是一些无知的傻瓜。如果他们竟然反击，这就会加深他的妄想，自认为是和一批恶棍在作战。3. 他认为自己不该受到压制和歧视。他把自己比作布鲁诺、伽利略、哥白尼、巴斯德以及其他因“异端邪说”而不公正地遭到迫害的伟大人物。4. 他在按捺不住的冲动下，竭尽全力攻击最伟大的科学家和最肯定无疑的理论。数学家们证明，角是不能三等分的，于是偏执狂者就硬要把它三等分。永动机是制造不出来的，他偏要造一个出来。5. 文章往往喜用复杂的、费解的词句。荒诞科学的许多典型著作，都带有一种“疯话”的味道。

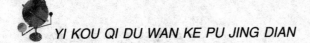

加德纳是一位怀疑论者，他与萨根、阿西莫夫、保罗·库尔茨等人共同创立了"超自然主张科学调查委员会"，用科学的手段与一切伪科学进行斗争。由于加德纳深谙魔术的奥秘，他揭露了不少声称拥有"特异功能"的人。在《矩阵博士的魔法数》这本书中，他巧妙地使用数学的手段破除人们对于数字的种种迷信。

马丁·加德纳才华横溢，思如泉涌，博闻强识，文理双栖，据不完全统计，迄今已写了50多本书，其代表作有《密码传奇》、《人人都能懂得的相对论》、《表里不一的宇宙》、《好科学、坏科学、伪科学》、《矩阵博士的魔法数》、《数学狂欢节》、《啊哈！灵机一动》、《从惊讶到思考——数学悖论奇景》等。

20世纪下半叶，美国科普界叱咤风云数十年的三位大师级人物是艾萨克·阿西莫夫、卡尔·萨根与马丁·加德纳，堪称一时瑜亮，难分轩轾。时至今日，前面两人均已逝世，惟有加德纳先生依然健在，老当益壮，在数学传播领域继续发挥着他无可替代的作用。

# 阿西莫夫：《最新科学指南》

## 一、成书背景

阿西莫夫，这位享誉世界的科普大师和科幻泰斗，是世界上最多产的作家之一，早在20世纪50年代就以创作撰写科幻小说和科普读物而蜚声文坛。他那非凡的驾驭语言和概念的能力，不断对虚构世界和真实世界的新探索，以及他所取得的成就和名望，为他的作品赢得了广大的读者。阿西莫夫一生以极其广泛的题材出版了近500本书，读者遍布全世界。他异乎寻常的想象力赢得了世人的尊敬和佩服，
曾获代表科幻界最高荣誉的雨果奖和星云终身成就"大师奖"。以他的名字冠名的《阿西莫夫科幻杂志》，是美国当今数一数二的科幻文学畅销杂志。

阿西莫夫对科学有着精深的理解，对科学的本质有着深邃的洞察力。他不仅通晓现代科学的许多前沿课题，而且也非常熟悉科学研究的思维方法和科学技术的发展历程；再深奥的科学知识，一经他的妙笔点缀，读来便毫无生硬之感。卡尔·萨根在谈到阿西莫夫时指出："在这个科技的世纪，我们需要一位在科学和公众之间起联系作用的人物，没有一个人能够把这项工作做得像阿西莫夫那样出色，他是我们这个时代伟大的讲解员。"

阿西莫夫的巨著《阿西莫夫最新科学指南》是一部全面介绍人类以科学的方法为工具，努力探索宇宙奥秘的科普著作。其内容涵盖了物理科学、生物科学及各个分支的发展状况和所取得的成就，阐述了各门学科之间的相互渗透和交叉。阿西莫夫将内容的广泛性与叙述的逻辑性完美地统一起来，他能在极其广阔的知识背景中牢牢地把握住写作的主线，从而挥洒自如，一气呵成。

阿西莫夫的作品之所以受到欢迎，原因之一就是他的书通俗易懂，妙趣横生。在《阿西莫夫最新科学指南》这本书中，科学不再是深奥的、难以理解的东西，只要你静下心来，认真读下去，就能一步一步地进入科学的殿堂，领略科学的迷人魅力。这是一部百科全书式的、包罗所有自然科学领域基础知识的科普名著。具有阿西莫夫式典型的简洁、通俗和优美，所有对科学感兴趣的人都应当收藏一套。

## 二、内容简介

阿西莫夫为了使科学大众化，作品几乎遍及自然科学的每一个领域，其中最主要者当推《阿西莫夫最新科学指南》。这部"科学大纲"式的作品问世后，历经数次修订，至今畅销不衰，堪称阿西莫夫最成功、也最有影响的科普名著。

该书从"科学是什么"谈起，按科学自身的逻辑结构，依次阐述了宇宙、太阳系、地球、大气、元素、粒子、波、机器、反应堆、分子、蛋白质、细胞、微生物，直至人体、物种、大脑、人工智能而结束全书。可以说，从微观到宏观，从物质科学到生命科学，该书内容几乎涵盖了自然科学的所有学科领域。作者以流畅的文笔，阐述了各门学科之间的相互渗透、交融关系，充分展现了作者驾驭语言和科学概念的高超艺术。

1959 年 5 月，基础丛书出版社的编辑雷昂·斯沃斯基找到阿西莫夫，约请他为成年人写一本关于 20 世纪科学发展概览的科普读物，他对在一本书中要解释如此众多的科学项目而感到紧张和不安。他新结识的女友珍妮特·杰普森给了他勇气和鼓励：这个构想不错，你肯定能写好这本书。至此阿西莫夫不再犹豫。但随即两人又在书名上发生了争执。斯沃斯基兴许是受到萧伯纳《聪明女士的社会主义与资本主义指南》一书的启发，给阿西莫夫的这部新著取名为《聪明男人的科学指南》。阿西莫夫认为不妥，因为名字听起来像是专门写给优秀男士看的，这将会影响其销量，因此建议将书名改为《科普指南》。但斯沃斯基却不以为然，他相信他起的书名一定会产生好的促销效果——因为买书的人即使不聪明，也是乐于将自己当作聪明人看的。阿西莫夫只能就范。

令人惊讶的是，尽管创作前曾经有过惶恐，但阿西莫夫下起笔来却是出奇地快：在不到三个月时间里，他居然写了40万字。1960年2月，阿西莫夫将大部分书稿交给了斯沃斯基。因为篇幅太长，一卷无法出完，斯沃斯基打算将内容删去一半。阿西莫夫愤怒地拒绝了这个提议，并以拒交最后两章书稿、不退预订金相"要挟"。斯沃斯基只好同意分两卷出书。但当阿西莫夫收到编辑过的校样时吓了一跳：全书至少有30%的素材被删除了。于是他立刻找到斯沃斯基，要求将所有删除的部分复原，但为时已晚。创作态度严谨的阿西莫夫捶胸顿足、痛心不已，将其视为耻辱之作，甚至在收到样书时也懒得去翻一翻。可公众与评论界却不这么看。该书出版后受到了广泛的一致好评，并在获得国家图书奖提名后马上成了畅销书，同时取得了极大的经济效

益。该书本来是为成人写的，结果也成了青少年的珍爱之物。1965年，该书经修订后出了第二个版本《聪明人科学指南新版》，增添了类星体、激光等新的内容。随着脉冲星、黑洞、大陆漂移、人类登月、全息摄影等新发现、新事物接连出现，于是阿西莫夫又对该书进行了修订，1972年再版时将书名更改为《阿西莫夫科学指南》。在1984年第四次修订再版时，阿西莫夫在前言中说："因为过去每一个新版本我都换一个书名，所以这次也不例外。这次的书名为《最新科学指南》。"人类有史以来的大多数重要科学成果，已被阿西莫夫收入在此书里了。

《阿西莫夫最新科学指南》英文版封面

《阿西莫夫最新科学指南》为读者提供了一幅瑰丽而又纤巧的科学导游图，并融入了作者诸多精妙的见解。例如，谈及现代科学因其过于专深而令外行人望而却步时，作者指出："只要科学家担负起交流的责任，把自己那一行的东西尽可能简单地多作解释，而非科学家也乐意洗耳恭听，那么两者之间的鸿沟或许便能就此消除。要能满意地欣赏一门科学的进展，并不需要对科学有完满的了解。没有人认为，要欣赏莎士比亚的戏剧自己就必须能写一部伟大的作品；要欣赏贝多芬的交响曲，自己就必须能作一部同等的乐曲。同样的，要欣赏或享受科学的成果，也不一定非得具备科学创造的能力。"阿西莫夫认为一个真正的科普作家的职责就是真正地将科学知识普及给广大读者。高尚而明确的创作动机和强烈的社会责任感使他不仅深受公众的热爱，而且赢得了各行各业科学家们的普遍推崇。

## 三、作者生平

享誉全球的科普和科幻巨匠阿西莫夫创造了奇迹，他的一生也是一个传奇。1920年1月2日，他出生在原苏联斯摩棱斯克的彼得洛维奇，双亲是犹太人。3岁时，他随家庭迁居美国纽约州的布鲁克林，1928年加入美国籍。

生性聪明的阿西莫夫年方5岁就在当过会计师的父亲辅导下开始自学。7岁时，他居然已能教5岁的妹妹念书了。9岁那年，他在父亲开的杂货店里首次接触到科幻杂志。这些流行刊物为阿西莫夫开启了阅读之门，使他对知识产生了一种渴求，后来还将他引入了写作生涯。

中学时代的阿西莫夫喜欢独来独往，他有着强烈的求知欲，而且毫不挑剔，什么都想学。他15岁便念完高中，迈进了哥伦比亚大学化学系的课堂。课余时间，他一边大量阅读科普和科幻作品，一边积极思考问

艾萨克·阿西莫夫（1920～1992）

题，同时内心也涌起了一种创作的冲动。18 岁那年，他发表了第一篇科幻小说《被放逐的维斯塔》。21 岁时，他在著名科幻编辑约翰·W·坎贝尔的点拨下，写出了科幻短篇经典《黄昏》，并一举成名。

1939 年，阿西莫夫从哥伦比亚大学本科毕业，其后又相继取得了该校的硕士和博士学位。自 1955 年起，他开始担任波士顿大学医学院副教授，从事酶学、光化学的研究。这期间，除了在部队服役的短暂岁月，他一直没有中断科普和科幻创作，并且已经写出了奠定他科幻小说大师地位的几部重要作品：《我，机器人》和《基地》系列。而他在 20 世纪 50 年代初创作的一些科普作品也产生了一定的影响。早期的科普创作实践使阿西莫夫认识到，他不仅喜欢而且也非常擅长撰写科学类题材的作品。1957 年，苏联发射成功第一颗人造地球卫星深深地触动了阿西莫夫。他痛感美国社会公众的科学素养落后于由卫星上天所标志的当代科技水平。作为一名科学作家，他认为自己有责任尽力而为，使这种差距尽快地缩小，于是便毅然放下早已得心应手的科幻创作，而潜心于撰写普及科学知识的书籍和文章了。

然而，创作需要充裕的时间，教学工作显然大大限制了阿西莫夫的创作活动。另外，极有自知之明的阿西莫夫越来越清醒地意识到，虽然自己的头脑和专业功底并不差，但他认为自己决不会成为一个第一流的科学家，而可能会成为一个第一流的作家。于是，他做出了这样的选择："去做我能做得最好的事情。"1958 年，他毅然不顾他那时尚未离婚的前妻的反对，告别了讲台和实验室，成为一名专业作家。这是阿西莫夫事业和人生的一个重大转折。那时候，他已经出版了 24 本书。

渊博的学识和不懈的努力使阿西莫夫作品的数量迅速上升，并使他获得了一系列的荣誉和褒奖。他全身心地投入写作，每天至少写作 8 小时，有时甚至整个星期都坐在打字机旁。一年之内，他往往能推出 10 部或更多的著作。在阿西莫夫逝世前不久，当每年修订一次的美国《名人录》征集有关他的条目时，他自述已出版过 467 部著作。从 1950 年出版第一本书《天上的小石子》（长篇科幻小说）算起，他花了 237 个月、近 20 年的时间，于 1969 年写完他的头 100 本书；往后至 1979 年 3 月，他用 113 个月、近 9 年半的时间

完成了他的第二个 100 本书；而当他在 1984 年 12 月写完他的第三个 100 本书时，只花了 69 个月的时间，更令人惊奇的是，在以后 8 年左右的岁月里，他以更惊人的速度写了近 200 本书。在其自传《我，阿西莫夫》中附录的作品分类就有：科学总论 24 种、数学 7 种、天文学：68 种、地球科学 11 种、化学和生物化学 16 种、物理学 22 种、生物学 17 种、科学小品 40 集、历史 19 种、文学 10 种、谈《圣经》的 7 种、幽默与讽刺 9 种、自传 3 卷、科幻随笔 2 集、长篇科幻小说 38 部、科学探案 2 部、科幻小小说与短篇科幻故事 33 集、趣味短篇故事 1 集、短篇科学探案故事 2 集，以及由他主编的科幻故事 118 集。

阿西莫夫拥有科学家、科幻作家和科普作家 3 种头衔，但以科幻作家最负盛名。他的科幻小说大致可分成"机器人"、"未来史系列"和"科幻侦探小说" 3 大类，其中以"机器人"为题材的科幻小说最为出色。他的科幻作品不仅牢固地建立在科学的预测基础之上，而且还具有高度的思想性和艺术性，真正反映了科学技术的发展及其对人类社会的进步所产生的巨大影响，帮助人们扩大视野，创造性地思索未来，向未知的领域延伸、拓展。

阿西莫夫无疑也是一位卓越的人文学者，他把科学看作是地球上伟大而统一的原则。他利用科幻小说这种特殊的文学形式，在普及科学知识的同时，促使人们去考虑人类与科技、历史等各方面的联系，考虑人类与整个社会的协调发展。

阿西莫夫还是控制人口增长和保护生态环境的一位先行者，是"理性、科学和怀疑论的卫士"，也就是反对伪科学、超自然现象和宗教迷信的先锋斗士。他以自己的著作在这些方面做了大量的解惑释疑的工作。

1992 年 4 月 6 日清晨，一颗不平凡的大脑永远地停止了思考。全世界失去了有史以来著述最丰的作家之———艾萨克·阿西莫夫。虽然生前他曾表示他不相信有来世，但千千万万喜爱他的读者深知，他的伟大事业和他留下的宝贵遗产已经让他获得了永生。

# 格莱克：《混沌：开创新科学》

## 一、成书背景

北京的一只蝴蝶拍了一下翅膀，竟然会引起加勒比海的飓风？你觉得这种说法夸张吗？这个著名的"蝴蝶效应"是混沌理论中的一个例子。所谓"混沌"是指看起来遵从确定规律的事物也会显现超乎想象的繁复多样，只要有些微的条件差异，就会导致令人瞠目结舌的不同结果。

混沌现象在人们的生活中无处不在！它出现在大气和海洋的湍流中，出现在飞机的飞翔中，出现在高速公路上阻塞的汽车群体中，出现在野生动物种群数的涨落、心脏和大脑的振动以及地下管道的油流中……混沌理论是继相对论和量子力学问世以来，20 世纪物理学的第三次大革命，其覆盖面广及自然科学与社会科学的几乎各个领域。它不仅改变了天文学家看待太阳系的方式，而且开始改变企业家做出保险决策的方式，以及政治家谈论紧张局势导致武装冲突的方式等。混沌理论正促成整个现代知识体系成为新科学。在混沌理论出现后，我们已经不能再用传统的眼光和简单的因果关系去理解这个世界了。

如果你想对混沌理论的来源与发展有一定的了解，美国最伟大的科普畅销书作家詹姆斯·格莱克的成名之作——《混沌：开创新科学》是最好的入门读物。此书先后获得 1987 年美国国家非文学类图书奖提名奖、英国非文学类最佳畅销书等荣誉，至今已有十多种外文版本，风靡全球。在本书中，作者以科学记者的专业素养，深入浅出地记录了混沌现象的研究历程，写就了一部图文并茂的报告文学。科学家超乎常人的敏锐执著和创造力，以及追寻真理过程的沮丧和欢欣，都透过作者鲜活的文笔，一一呈现在我们面前。这本被视为"高级科普"的经典，集科学思想、科学历史、科学知识于一体，是每次阅读都能让我们读出新东西的艺术佳作。

## 二、内容简介

混沌成为"举世瞩目的学术热点"后，科学家们大都在各自领域发表文章，谈论这门新科学。为了让公众也了解这门新兴的科学，1984 年 4 月到 1986 年 12 月，格莱克采访了大约 200 位科学家，掌握大量第一手材料，写出了《混沌：开创新科学》一书。该书出版之后，受到读者的普遍欢迎。格莱克本人作为《纽约时报》的编辑和记者，论述这门还存在争议的新科学时，能做到从专业角度解说没有任何毛病，足见作者是下了一番工夫的。尽管对于这门方兴未艾的学科有不同看法，但众多评论家几乎一致把这本书作为向公众推荐的两本关于混沌的普及性读物之一。

"混沌"一词源流悠久。在韦氏大字典中，它有三层意思。第一，是指宇宙有序地存在之前的那种状态，无形的物质与无穷的空间都处于无序之中；第二是指极端的混乱和无序；第三是指深渊、无底洞或大的裂口。1963 年，洛伦兹在《大气科学杂志》第 20 卷上发表《决定性非周期流》，被认为是现代混沌研究的开端。1975 年，李天岩与约克共同发表《周期三意味着混沌》，第一次把混沌当作一个数学名词，给出了严格的数学定义。1977 年，福特和卡萨帝主持召开了第一次全世界混沌会议（科莫会议）。混沌的影响越来越大。

在 20 世纪的大部分时间内，物理学研究的主流是粒子物理，然后是关于自然界基本力和宇宙起源问题。但有些科学家认为，理论物理已经同人类对世界的直觉偏离太远，还有些人认为物理学正走进死胡同，他们都把混沌当作物理学的出路。20 世纪 70 年代，少数数学家、物理学家、生物学家和化学家开始寻求各种不同的不规则现象之间的联系。普林斯顿大学种群生物学家斯梅尔呼吁所有的科学家都应当注意在一些简单模型中的令人惊奇的复杂行为。1977 年，费根鲍姆在《统计物理学杂志》第 19 卷上发表《一类非线性变换的定量的普遍性》，这篇关于普遍性的文章发表后，在全世界研究混沌的科学家中间引起了轰动。1979 年他又在同一杂志第 21 卷上发表《非线性变换的普遍性测度性质》，全书就是以此为主线的。20 世纪 80 年代之后，混沌已经成为一种迅速发展的运动的简称，这个运动正在改变整个科学建筑的结构。它创造了特殊的计算器使用技术和各种特殊的图像，抓住了复杂性背后的古怪而精致的结构。混沌已经逐渐具有严格的定义，成为一门新科学。这门新科学产生了自己的语言，如分形、分岔、阵发和周期等。

《混沌：开创新科学》论及了混沌在各门科学研究中的缘起，表现了混沌主题的魅力。全书共分 12 个部分：序言；蝴蝶效应；革命；生命的盛衰；自然界的几何学；奇怪吸引子；普遍性；实验家；混沌的形象；动力系统集团；内部节律；混沌及其他。尽管格莱克本人不是科学家，但对混沌研究的进展交代得比较清楚，而且作者更多地着墨于与混沌理论有关的个人，使读者了解了前辈的风范，又不必去钻研高深的理论。

从《混沌：开创新科学》一书，我们可以了解混沌学历史相当短，但带来的影响却是革命性的。正如《混沌：开创新科学》中所说，"相对论排除了对可控测量过程中的牛顿迷梦；混沌学则排除了拉普拉斯决定论的可预见性的幻想。"

格莱克本来要将这本书写成大众科普读物，但他将不同领域的科学家的观点汇集到一起，也起到将复杂的混沌领域的知识进行归纳和结合的作用，而在此之前还没有人这样做过，因此本书在科学界也产生了一定的影响。

## 三、作者生平

詹姆斯·格莱克是美国最伟大的科普畅销书作家，1954 年生于纽约，毕业于哈佛大学。毕业后先到明尼亚博利斯市创办周报，1977 年返回纽约，在《纽约时报》担任编辑及采访记者 10 年，成为著名的科技专栏作家。

格莱克目前已出版数部十分畅销的科普著作，其中《混沌：开创新科学》是其成名作，奠定了他作为一个著名科普畅销书作家的地位。它也是混沌现象研究领域最好的一本科普图书。混沌现象的研究是 20 世纪非线性科学进展的重要方面，格莱克作为科学记者，采访了这方面研究的前沿学者，既描写了这些人的成长经历，也介绍了他们的科学贡献，可读性、故事性的东西很多，适合大众阅读。

如果说格莱克的《混沌》是纯粹的科普作品，那么《牛顿传》、《天才：理查德·费曼的科学和人生》则是经典的科学家传记。关于牛顿，300 年来已经出版过大量传记和研究作品，而随着 20 世纪八九十年代牛顿的笔记、一些私人信件的解密，使人们发现了与以前印象中的牛顿所不同的形象。格莱克的《牛顿传》揭示出这位西方科学圣人充满矛盾和痛苦的科学生活中鲜为人知的一面，不仅对他作为科学家的成就进行认可，还对他作为一个人、一个对神

詹姆斯·格莱克（1954 ~  ）

学痴迷的信徒做了真实的描写。格莱克认为，牛顿从未远离上帝，从未放弃超自然的东西，或掩藏其世界观中的神秘性质。他寻找世界的规律，并相信规律，但他从未停止过对混沌的关注。

费曼被很多物理学家誉为 20 世纪继爱因斯坦之后最伟大的实证物理学家，在他研究生刚毕业时，就参与了美国制造第一枚原子弹的曼哈顿计划，后来，他又在美国加州理工学院任教约 40 年，并在 1965 年获得了诺贝尔物理学奖。在格莱克为了撰写《混沌：开创新科学》一书而造访很多科学家时，费曼的名字一再被提及，而且从那些科学家的语气中，格莱克可以感觉出费曼真的很特殊，甚至可以说是超人，是那个不需要英雄的团体中的真正英雄。费曼与爱因斯坦或泰勒等科学家不同，他是 20 世纪第一位土生土长的美国科学天才。和大多数科学家都在年轻时代完成实质工作成果的情况不一样的是，费曼直至晚年才开始从事真正的研究。但最令格莱克惊讶的是费曼对所有事物所表现出来的创造力：他的生活方式、研究途径，还有他运用心智的方法。费曼是一个热情洋溢的人，也就是这种热情维持并强化了他的各种处世方式。为了再现这位现代物理学史上一位具有传奇性的人物，格莱克创作了《天才：理查德·费曼的科学和人生》这本传记，该书轻松而有趣，能帮助我们更透彻地了解费曼。《费曼传》以及《牛顿传》等书多次获得美国国家非文学类图书奖提名，英国非文学类最佳畅销书等奖项，被译作近 30 种语言，行销全球。

# 霍金：《时间简史》

## 一、成书背景

有着"继爱因斯坦以后世界上最杰出的理论物理学家"美誉的史蒂芬·霍金，从 21 岁起身患卢伽雷氏症，除了思想，只能支配三根手指、必须依靠机器才能与人交流。然而这位科学巨人，1974 年当选为英国皇家学会最年轻的会员，1979 年任剑桥大学卢卡逊讲座教授——这是牛顿曾经担任过的职位。霍金不仅是一个充满传奇色彩的物理天才，还是一个令人折服的生活强者。他的身体无力地蜷缩

在轮椅里，思想却在宇宙的最深处飞扬，穿越时间与空间，追寻宇宙的尽头，探索黑洞的隐秘。

宇宙，星光灿烂，其中深藏着物质运动的伟大力量，它开始于一个大爆炸，正由于大爆炸和引力的抗衡，物质才被和谐地分布在宇宙的各个角落。对自己存身于其中的宇宙的神秘感却永远潜存在我们每一个人的心中。因此，1988 年霍金的《时间简史》出版后即在全世界造成巨大影响。在他之前，没有人能解释在宇宙"大爆炸"之前发生过什么事情。霍金以他的研究解释了形成行星和星系的物质如何被创造，以及宇宙为何能够永远膨胀下去、而不会在"大坍塌"中崩溃，从而创立了"开放性膨胀"理论。这是目前对广义相对论和量子理论所不能解释的宇宙现象最好的解答。

霍金的《时间简史》，可谓纯科学追求者的"圣经"，在全世界至今累计发行量达 2000 多万册，被翻译成近数十种语言文字。在西方，没有读过《时

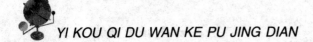
间简史》甚至会被认为是没受过教育。它之所以在出版发行以来在全世界范围内受到了读者极为热烈的欢迎，除了因为它概括了当代物理学中最尖端、人们最为关注的问题之外，还在于它的语言通俗易懂，整本书几乎没有数学符号和方程式。霍金的《时间简史》对人们的影响是相当强烈和深刻的，以至于使人们对宇宙的兴趣达到了有史以来空前的程度。

## 二、内容简介

你是不是在几乎对世界毫无所知的情形下进行日常生活呢？如果你想进一步了解自己所生活的宇宙，就打开史蒂芬·霍金的《时间简史》吧！在本书中，霍金教授以未受科学教育的普通人能理解的方式叙述关于"宇宙的起源和命运"的基础思想，将我们带进了一个神奇而又熟悉的世界。

《时间简史——从大爆炸到黑洞》简明扼要地论述了人类对宇宙认识和探索的历史，将现代物理学的两大理论——量子理论和广义相对论结合起来，提出了关于时间、空间、大爆炸和黑洞的具有创新性的认识，为探索完整的统一理论而迈出了坚实的一步。这本书既概括了人类历史上伟大的思想家、科学家对宇宙奥秘的艰辛探索和伟大贡献，也集中介绍了霍金本人几十年来在天文物理学研究中的突破和进展。

从宇宙大爆炸的奇点到黑洞辐射机制，霍金对量子宇宙论的发展做出了杰出的贡献。他提出的无边界条件的量子宇宙论解决了自牛顿以来一直困扰人类的"第一推力"问题。霍金认为宇宙模型是一个封闭的无边界的有限的四维时空，宇宙的诞生过程是从一个欧氏空间向洛氏时空的量子转变过程——不需要上帝的第一推力，宇宙的演化完全取决于物理定律。霍金研究关于爆炸黑洞的理论将相对论和量子力学联系起来。早在1971年他就提出：在宇宙大爆炸之后，可能形成数以百万计的微小黑洞，这个如质子般大小的空间内容集了10亿吨物质的现象。它们质量极大必须用相对论的规律来解释，而体积极小又必须用量子力学的规律来分析。1974年，霍金宣布：根据量子论的预言，这种黑洞实际上不断产生物质，释放出亚原子粒子并在最后能量耗尽时发生爆炸。这种从大爆炸到黑洞的周而复始的过程，便是宇宙创生与毁灭并再创生的过程。这无疑宣布了上帝对宇宙的贡献消失殆尽。

《时间简史》是一部将高深的理论物理通俗化的科普范本，这也是它拥有如此众多读者的原因，尽管如此，它依然是一本读起来并不轻松的书。正是了解这一点，霍金在书中充分运用了他的想象和智慧。对于喜用言语表达甚于方程式表达的读者而言，本书无疑是一本更易接受的科普巨作。

《时间简史》是一本对知识无限追求之作，是对时空本质之谜不懈探讨之作。这本创下吉尼斯世界纪录的畅销书，探讨了我们对天体物理学以及时空本质的认识的外在局限性，发人深省，阐述了当今有关宇宙的最重要的科学思想，从中我们可以领略到当代一个最富有想象力、影响深远的思想家的博大智慧。

# 三、作者生平

1916 年，爱因斯坦发表了广义相对论，不久，德国物理学家史瓦西得到了广义相对论方程的一个精确解。他预言存在 5 种不旋转、不带电的"黑洞"，并算出若要成为"黑洞"，一个质量如太阳的星体，其半径必须缩到 2.96 公里，而地球则需压缩到半径为 0.89 厘米。史瓦西提出"黑洞"概念在当时未受到人们的普遍重视。直到 20 世纪 70 年代，有一位科学奇才，把量子力学与广义相对论结合起来，进行"黑洞"表面量子效应的研究，使"黑洞"理论研究向前推进了一大步，他就是世界著名的物理学家霍金。

史蒂芬·霍金是英国理论物理学家，世界公认的引力物理科学巨人，是当代最重要的广义相对论家和宇宙论家。1942 年 1 月 8 日他生于英格兰的牛津，其父母都在牛津城接受过高等教育。父亲法兰克·霍金是一位有名的医生和生物学家。母亲伊莎贝尔研究哲学、政治和经济学。霍金有两个妹妹和一个弟弟。霍金的父母非常注意从小培养孩子对科学的兴趣。根据几个孩子兴趣的不同而实行不同

《时间简史》英文版封面

的教育方式。霍金从小非常富有想象力，他曾想出进入自己屋子的 11 种办法。但是，他的语言不能同他的思维同步，有时讲话还结巴。

霍金在五年级的时候，曾与几个同学一起找了许多零件制造了一台电脑，当时许多人到学校参观，引起了一场不小的轰动。1959 年，霍金中学毕业并考入了牛津大学，这时他才 17 岁。在牛津大学霍金选学了他所喜欢的物理学，当时他在班上表现极为突出。有一次，教师布置了 13 道题，其他同学做了一星期，只解出一两道题，而他只用一个上午，便做了 10 道。他的同学说："与他同行并进是不可能的，我们就像来自不同的星球。"

然而在大学的第三年，霍金的身体出现了麻烦，他的手已不像过去那样灵活了，腿脚也不便利，并且几次从楼梯上跌下去。但他当时并没有意识到这一征兆的严重性。当年秋天，霍金申请到剑桥大学做研究生，攻读宇宙学博士。在他进入剑桥大学后不久，21 岁生日刚刚过完，他就住进了医院，后经过专家的多次会诊，被诊断为患了肌肉萎缩性侧面硬化症，无方可医。出院后不久的一个晚上，他做了一个被处死的噩梦。梦醒后，他忽然意识到："如果被缓刑的话，还有事情值得做。"于是，他重新振作起来，开始了天文学研究生涯。随着时间的流逝，霍金的病情缓和下来，但只能依靠轮椅活动。1965 年，霍金开始有关黑洞问题的研究。1974 年，32 岁的霍金发现，"只进不出"的黑洞具有一种完全出乎意料的特性，即由于量子力学的"隧道效应"，它会稳定地向外发射粒子，考虑了这种"蒸发"，黑洞就不再是绝对"黑"的了。他的这个惊人的创见发表几星期后，英国皇家学会就宣布他当选为该会会员，霍金成了这个世界闻名的学会有史以来最年轻的会员之一。

霍金提出"黑洞蒸发理论"的同时，他又把量子力学和引力理论结合在一起，创造了"量子宇宙论"。他说，根据量子力学，空间中充满了粒子和反粒子。黑洞存在时，一个粒子可以掉到黑洞里面去，留下它的伴侣就是黑洞发射的辐射。这就是霍金提出的被人们称为"霍金辐射"的黑洞辐射论。霍金的名字也因此在科学史上不朽。霍金还证明每个黑洞都有一定的温度，而且温度的高低与它的质量成反比。也就是说，质量大的大黑洞温度低，加上引力强，"蒸发"慢，寿命可能非常漫长；相反，质量小的小黑洞温度高，加上引力弱，"蒸发"快，寿命可能只有短暂的一瞬间。更有意思的结果是，黑洞的"蒸发"使它的质量减少，质量减少使它的温度升高，温度升高使它"蒸发"更快，"蒸发"更快使它质量更少，质量更少（这个"质量更少"是相对的）使它温度更高……如此循环反复越演越烈，最后终于以一场猛烈的爆发而告终。他的同事为他的理论欢呼。但是也有不少学者不相信霍金的黑洞辐射理论。当时苏联的天文学家也不相信，但是半年多以后，他们主动改变了态度，认可了霍金的观点。

由于其不同寻常的遭遇及在天文学上的杰出成就，霍金获得了许多荣誉。1975 年，梵蒂冈授予霍金"有杰出成就的年轻科学家"称号。1978 年，他又获理论物理学领域的最高荣誉"爱因斯坦奖"。1980 年霍金被选为卢卡逊教授。这是一个十分崇高的职位，历史上只有牛顿等几位大科学家担任过这一教席。1982 年霍金接受了圣母大学、芝加哥大学、普林斯顿大学和纽约大学的荣誉学位。伊丽莎白女王还封他为英国的荣誉骑士。1988 年，霍金出版了《时间简史》后，被广泛尊崇为继爱因斯坦后最伟大的理论物理学家。

霍金以重病之身躯克服人们无法体会的病痛折磨，奋力拼搏，取得了令世人瞩目的成就。但是祸不单行，1984 年他在一次访问日内瓦时得了肺炎，进行了气管切除手术，使他完全失去了讲话能力。在这一段时间里，他惟一与人沟通的方法就是由别人指着拼写板上的一个个字母，当指的是他要的字母时，他就扬起眉毛，如此一个字母一个字母地把词拼出来，交谈十分困难，更不用说写科学论文了。美国一位电脑专家得知霍金的不幸遭遇后，给他寄来了一套电脑软件。他用手或眼睛的运动来控制和选择所需要的字母拼成词，然后由语言合成器说出来。

霍金面对随时可能死亡的威胁，丝毫没有退缩。相反地，他意识到对他来说时间可能是短促的，他必须非常快速和专心致志地从事研究工作。从 20 世纪 70 年代到今天，他先是被禁锢到轮椅上，后来又失去说话的能力，但他那枯槁的躯体里却有一个出类拔萃的头脑和一颗不屈不挠的心。他每活一天都是在创造一个新的医学纪录。直到今天，他还在艰难地活着、战斗着。

# 戴维:《西方科学的起源》

## 一、成书背景

对于西方近现代科学的成就,有不少读者是熟知的,即使不太了解,我们也至少置身于这些成就塑造的现代文明之中,或多或少有一些感受。但对于西方早期的科学,以及中世纪的科学,我们不但了解有限,而且颇多错误的认识。著名科学史教授戴维·林德伯格的《西方科学的起源》作为一本介绍西方从公元前 600 年至公元 1450 年的科学史的著作,为我们带来了详尽、审慎的描述。读完本书,相信读者对西方科学的传统会有更多的乃至于全新的认识。

戴维·林德伯格是美国著名教授,于 1999 年获得科学史界最高奖——萨顿奖章。1992 年他出版的《西方科学的起源》是一本不可多得的优秀科学史著作,曾经获得过约翰·坦普莱顿基金会神学和自然科学杰出著作奖。《西方科学的起源》在一个综合的文化背景中论述西方科学的起源,显示了科学史的有机脉络,显示了科学与非科学之间动态的关联。这本书的语言流畅,深入浅出,它的中译本则获得了 2001 年度"Newton—科学世界杯科普图书奖"一等奖,入选"十大科普好书",很多专家将其列为科学类读物中的必读书。

## 二、内容简介

在《西方科学的起源》一书中,作者戴维·林德伯格用浅显的语言,生动叙述了古代和中世纪西方科学史上所有重要的主题和事件，涉及数学、天文学、力学、光学、自然史、医学等众多领域，百余幅历史图片尤其珍贵和罕见。对许多长期未决的历史论争，作者提出了崭新的独到见解，尤其重视科学的文化和社会背景，以及哲学和宗教对科学理论与实践的影响。

由于本书原来就是教材，所以看起来与看其他同类的书大不相同。其副标题为"公元前600年至公元1450年宗教、哲学和社会建制大背景下的欧洲科学传统"，该书内容并不艰涩，语言流畅，林德伯格将自己所了解的向读者娓娓道来，并适时地向读者点拨两句，读者就可以轻松地跟上作者的进度。作者常常将不同于他的一些观点干净利落地点出来，让读者明白关于他所议论的问题曾经有一些什么重要的不同见解，让读者自行思考、选择。例如，讲到米利都的泰勒斯，林德伯格写道："……把最早的米利都哲学家泰勒斯描述成一个几何学家、天文学家和工程师。传说他成功地预测了公元前585年的一次日食，然而这个传说的来源并不可靠，希腊天文学在泰勒斯时代所达到的高度，是不可能做出这种预测的……"

在本书中，作者一再向读者指出，在研究科学史的时候，"我们必须带着健康的怀疑精神考察……所有断言"。例如关于毕达哥拉斯这位科学史必须讲到的伟人，林德伯格认为我们必须小心对待已有的种种传言、评价。在引用了亚里士多德的一句评价毕达哥拉斯的话以后，戴维·林德伯格写道："这是一段令人费解的文字，我们的不确定也来自于亚里士多德可能并没有充分理解毕达哥拉斯派的学说或没有完全公正地对待它。毕达哥拉斯派是否完全相信物质性的东西就是由数构造出来的？或者，他们仅仅是要声称，物质性的东西有一个基本的数的属性，通过这种属性就可以洞见事物的本质？我们永远也不知道确定的答案。对毕达哥拉斯派的观点，一种明智的理解是：在某种意义上，数首先出现，其他所有事物都是它们的产物；在这种意义上，数就是基本实在，物质性的东西从数中获得它们的存在，至少获得它们的属性。如果更谨慎一些，至少我们还可以断言：毕达哥拉斯派把数看作实在的一个根本方面，而把数学看作探究这种实在的一个基本工具。"这种探索性的讨论，显然有助于我们正确理解科学和科学史。类似这样的讨论，在这本书中比比皆是，可以说它是本书的一大特色和一大优点。

此外，本书还附有 116 幅照片、图画，让人看了如亲历其景，既直观生动，又给人以充分的想象空间。而最值得称道的是，本书中译本上的照片非常清晰，与许多中译本书上的照片黑糊糊的一片让人望"图"兴叹大不一样。

打开《西方科学的起源》，相信所有对科学感兴趣的人一定会对这本书产生莫大的兴趣，从中获益不浅，而科学史方面的专家看了这本书，他将会发现这本书将是一部不可缺少的优秀教材。

## 三、作者生平

戴维·林德伯格是美国威斯康星大学科学史教授，早年获得物理学学士和硕士学位，1965 年取得科学历史和哲学博士学位。他是中世纪科学史方面的权威，曾出版过《中世纪的科学》等著作。

《西方科学的起源》英文版封面

古罗马哲学家西塞罗曾经说过："一个人不了解生下来以前的事，那他始终只是一个小孩。"林德伯格从小就对历史特别感兴趣，工作以后他特别注重科学史教育的重要性，他认为倘若我们希望理解科学事业的本质、科学与周围更广大文化背景的关系、人类对科学所涉内容的认知程度，那么历史研究，包括对早期科学的研究，就是必不可少的。科学史还提供了其他宝贵的教诲，它揭示了科学和其他知识或信仰体系、哲学、宗教、政治、文学等的关系。在狭义的科学教育中，这些关系很少得到探讨。历史研究还有助于我们认识到，科学事业有很深刻的文化背景。犹如人类所有的创造，科学理论也是文化的产物，而文化在形成科学方法和科学理论的内容方面所发挥的作用，历史研究揭示得格外清晰。而研究科学史（尤其是早期科学史），可以使我们有机会培养自己具备非常重要的理智能力，即根据适当背景判断思想或行为的能力。

林德伯格认为科学是经过中世纪一步步走过来的，不是按人的逻辑，而是按历史的逻辑。科学家正是在中世纪的神学环境中，把古希腊的科学精神传到文艺复兴时期。中世纪西欧还有几个因素有利于科学发展，一是 11 世纪经济的发展和城市的复兴，为西欧学术的复兴和世俗教育的兴办创造了条件。二是 12 世纪大学的兴起和发展，不仅为科学的发展提供了重要场所，培养了一批科学研究人才，而且使西欧的科学发展制度化。

戴维·林德伯格（1935~   ）

三是东方文化和科学的影响，特别是大量伊斯兰科学著作从 12 世纪起被翻译成西欧通行的拉丁文，为西欧提供了古典科学著作，有的甚至是西欧早已失传的。这些因素使中世纪西欧的各门具体科学都得到了一定程度的发展，如天文学、物理学、医学和自然史等。没有这些中世纪的科学成就，很难想象 17 世纪西方科学革命的发生。为了让更多的人了解这些科学成果，他编写了《西方科学的起源》一书，并在所任教的大学用来作为教材，该书出版后深受读者喜爱。

# 布莱森：《万物简史》

## 一、成书背景

比尔·布莱森是享誉世界的旅游文学作家，他擅长用不同的眼光来看待他所游历的世界，在他的著作里，英国式的幽默与美国式的搞笑绝妙地融合在一起。他的睿智加上他的博学，让他的文字充满了幽默、机敏和智能。这位"目前活在世上的最有趣的旅游文学作家"，既非科学家，也不是科学记者或者科普作家，却写出了一本在全世界掀起了狂热的风暴，获得了媒体、科学界和普通读者的高度好评的科普经典——《万物简史》。布莱森是英国最多人阅读的作家，每逢他有新作出版，英国的传媒都会倾力报道，电台的读书会节目更会让读者亲耳细听书的内容，称得上是近年十分受读者欢迎的旅游作家。而写游记的作家写科普著作居然也能一路畅销，这种事情大概只会发生在比尔·布莱森身上。

《万物简史》是一部有关现代科学发展史的通俗易懂而且引人入胜的书，堪称到目前为止为普通读者所撰写的有关科学发展史的最好著作。作者布莱森用清晰明了、幽默风趣的笔法，将宇宙大爆炸到人类文明发展进程中发生的众多妙趣横生的故事一一收入笔下。不需任何高深的学问，我们就可以在轻松愉快的氛围中领略科学的奇迹与成就，感受世界的惊奇与美妙。

该书 2003 年 5 月在美国出版后，连续数十周高居《纽约时报》、《泰晤士报》排行榜最前列，荣登亚马逊网站 2003 年度十大畅销书之列，在年度科学类图书排行榜中更是勇夺桂冠。2004 年初，被美国《科学》杂志评选为 2003 年度最佳科学著作。2004 年 6 月又一举夺得英国皇家学会颁发的世界最著名的科普图书大奖——安万特奖。

2005年12月，本书中文版于中国出版之际，北京大学校长、中科院院士许智宏亲自为该书作序，国家超导专家委员会第一首席科学家甘子钊、国际理论和应用化学联合会会长彼特·阿金斯、国际知名科学家提姆·弗兰纳里以及我国各大学诸多著名教授向广大读者联袂推荐该书，创下4万册这一科普类图书的罕见销量。时至今日，该书仍是各大非文学类畅销书排行榜的常客。

## 二、内容简介

比尔·布莱森是一名旅行作家，他想到写《万物简史》的时候正在飞往某个外国目的地的途中，他从机舱的窗口看出去，看到下面的月光海景时，一个念头在一瞬间闪过他的脑海，"带着一些不舒适的压迫感"，他说，"我竟然对自己将要一直生活在上面的惟一一个星球所知甚少"。例如，他不知道为什么海水是咸的而内陆湖不是；他不知道地球有多重，或者怎样才能找出这个答案：蛋白质是什么？一个原子有多大？宇宙从什么时候开始的？他对这些知识连最模糊的一点概念都没有，因此他开始对各种科学进行探索。他花了3年多时间来读书看报，寻访那些很有耐心、德高望重、愿意回答许多特别问题的专家之后，出版了《万物简史》一书。

该书内容丰富，几乎是上天入地无所不包，让读者在读后有一种纵横于大千世界遍览万物豁然开朗的感觉。从表面上看，似乎作者是在有些随心所欲地侃侃而谈，想到哪里就讲到哪里。但实际上，全书却是有着鲜明的线索，即围绕着对宇宙和地球以及生命的发展演化的自然史的回顾，穿插了人类认识自然的科学史，在介绍人类到目前已经取得的关于自然界从微观到宏观、从无生命世界到生命世界的重要知识（甚至包括了许多最新的前沿知识）的同时，也介绍了人类认识这些知识的过程。

书中回溯了科学史上那些伟大与奇妙的时刻，引用了近年来发现的最新科学史料，几乎每一个被作者描述的事件都奇特而且惊人。宇宙起源于一个要用显微镜才能看得见的起点；全球气候变暖可能会使北美洲和欧洲北部地区变得更加寒冷；1815年印度尼西亚松巴哇岛坦博拉火山喷发引发的海啸夺走了10万人的生命；美国黄石国家公园是"世界上最大的活火山"……而那些沉迷于科学的科学家们也是千奇百怪：达尔文居然为蚯蚓弹起了钢琴；富兰克林不顾生命危险在大雷雨里放风筝：卡文迪许在自己身上做电击强度实验，竟然到了失去知觉的地步；发现第一批陆地动物甲龙化石的瑞典古生物学家贾维克居然数错了手指、脚趾的数量，还把化石藏了 48 年，不让别人看……比尔·布莱森似乎天生具有将枯燥的东西讲得引人入胜的天才本领，在《万物简史》中，他用漫谈的方式，通过讲述各种历史逸事把难懂的科学概念写得生动有趣，在作者笔下几乎每一个科学历程都充满了令人惊奇和感叹的事实。

《万物简史》英文版封面

比尔，布莱森在《万物简史》中介绍了宇宙哲学、古生物学、物理学、化学、气候学、地质学的基本常识以及许多其他的知识，几乎囊括了所有重要的科学分支，以"万物"为名，绝非虚言。与《十万个为什么》这种分门别类、按条讲述的科普书相比更为生动，使那些细碎的科学知识读起来有信手拈来的感觉，且在作品内在逻辑的严密性的把握上，拥有一种把各种分割的领域融会贯通的能力，这是很多专家无法匹敌的。

此外，本书在讲述科学的奇迹与成就的同时，还浸润着浓郁的悲天悯人的人文关怀。全书从科学发展史的角度对"我们从哪里来？我们是谁？我们到哪里去？"这一千古命题作了极为精当的阐释。每一个人在阅读此书之后，都会对宇宙万事万物和万千生命比以前有更多的了解，对生命、对人生、对我们所生活的世界产生全新的感悟。《万物简史》最大的特点就是，通篇把人类认识自然界这一过程与自然界自身的不可思议结合起来说，这样既没有贬低人类认识自然的能力，也会令人有一种敬畏自然的感觉。

## 三、作者生平

一般说来，能够写科普作品的，即使不是科学家，也一定要是鼎鼎有名的专业科普作家。然而，令人难以置信的是，引起全球轰动的《万物简史》一书的作者比尔·布莱森竟然是一个旅游文学作家。他 1951 年出生于美国艾奥瓦州，毕业于美国德雷克大学。

有些人似乎是注定要跑来跑去的，除了旅行写作的实利考虑，旅行对于比尔·布莱森几乎是"海妖发出的蛊惑之歌"。21 岁那年比尔·布莱森登上冰岛航空公司的飞机，从美国爱荷华州飞到卢森堡，随即从挪威的汉默菲斯特步行到伊斯坦布尔，经历了 4 个月的背包旅行。1973 年布莱森第一次来到英国，几乎是第一天，布莱森就意识到这是他想继续待下去的地方：处处都是和他一样的左撇子！他找到了一份在医院里照料轻微精神病人的工作，与一位漂亮的护士结了婚。1977 年比尔·布莱森定居伦敦后，开始为《泰晤士报》和《独立报》工作。1995 年，比尔·布莱森和他的英国妻子辛西娅决定让他们的 4 个孩子换一换文化环境，而此刻盖洛普调查表明有 370 万美国人相信自己曾经被外星人绑架过。布莱森开玩笑地说，"很显然我的同胞需要我"，由此带着妻儿回到美国。

在离开英国之前，布莱森发表了他的辞行之作——《哈！小不列颠》，而《一脚踩进小美国》是他为初回美国的旅行所写，《发酵的欧洲》则是对 20 年前的欧洲之行的精彩回忆。与布莱森崇敬的旅行作家保罗·特鲁克斯相比——这位老先生的风格是坐着火车旅行，事无巨细将旅途见闻记录下来——比尔·布莱森所擅长的是板着面孔说笑话的英式嘲讽。他从来不把自己看成是真正的旅行作家，他说真正的旅行作家都得冒险，睡硬地，而他自己总是睡旅馆。事实上，在他的书里也大量描述了旅馆、女侍、酒馆以及自己喝多了的经历，特别提醒人们不要得罪女侍，因为她们对待讨厌客人的方式是往他的食物里吐口水。虽然布莱森谦称自己只不过是一个刚巧会写点东西的旅游人，但他的幽默，不但受到不少英美读者的垂青，更令他成为当今文坛数一数二的旅游作家。

作为在英国生活 20 多年的美国人，尽管布莱森声称英国文化对他影响至深，然而其作为美国人的本性难移，在他的书里，英国式的睿智幽默和决不怕粗俗的美国式搞笑是一起出现的。如在《发酵的欧洲》里，在布莱森的笔下，欧洲显出超现实的夸张可笑："意大利人开车因为太忙而从不顾及车前路况。他们忙着摁喇叭，忙着做各种夸张的手势，忙着阻挡别人超车，忙着做爱，忙着回头教训后座的孩子，还忙着大吃比板球球拍更大的夹肉面包。而

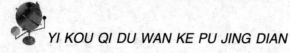
且是同时做着这几件事情，结果，当他们首次注意到你的时候，你已倒在他们车后的路上，出现在车的后视镜里。"

　　这位被《英国时报》喻为"当今世上最有趣的旅游家"的《哈！小不列颠》、《欧洲在发酵》、《一脚踩进小美国》、《别跟山过不去》、《请问这里是美国吗?》等多种旅游文学作品，每本均高居美、英、加畅销书排行榜前列，在美国、英国、加拿大都拥有众多读者，其中《哈！小不列颠》更被英国读者推选为"最能深刻传达出英国灵魂的作品"。他的语言学方面著有《麻烦词汇词典》、《母语》、《美式英语》等书，皆为拥有广大拥趸的幽默之作。

比尔·布莱森（1951～　　）

　　布莱森不但才华横溢，兴趣亦十分广泛。他从小就对科学有浓厚的兴趣，然而在成长过程中所接触到的教科书又都是极其枯燥的。比尔·布莱森有感于科学的话题在学校里越来越不受重视，畅销书榜单上也很少有科普图书。他认为，是那些"贫血"的、毫无活力的科学标准教科书式的文体扼杀了我们对自然世界的好奇心。他要用他的方式告诉人们大自然的奥秘，地理学、化学、古生物学、天文学、量子物理学等。因此，2003 年，他创作了《万物简史》。

　　与一心想把书写得通俗的科学家们不同的是，布莱森可以坦然地承认自己对宇宙几乎一无所知，心态上和大多数读者是一样的。他向数十种学科的专家请教了古今科学研究成果，把它们用他幽默的漫谈式语调串起来，用各种历史逸事把难懂的科学概念说得生动可读。布莱森是著名的畅销游记作家，此番以科学票友的身份，写了一本"十万个为什么"的科普著作，关于天下万物和万千生命，从大爆炸到人类开始主宰地球。"这是一本讲述这一切如何发生的书。"他说。这位科学"票友"的成功，也许再次说明了这样一个道理：一本好的科普书，如何讲述比讲述什么更重要。

# 尼葛洛庞帝：《数字化生存》

## 一、成书背景

尼葛洛庞帝是美国麻省理工学院教授，西方媒体推崇他为电脑和传播科技领域最具影响力的大师之一，1996 年 7 月被《时代》周刊列为当代最重要的未来学家之一。这位举世闻名的媒体实验室创办人，也许并不是一个神奇的人，但他却写出了一本神奇的书，一本打开互联网世界的书——《数字化生存》。10 多年前，这本书成为了中国人进入互联网的通行证，当该书的中译本在中国登陆后，几乎一夜之间，凡是对计算机和互联网感兴趣的中国人都记住了这个拗口的名字：尼古拉斯·尼葛洛庞帝。对那些对网络还懵懵懂懂的人来说，这本书也成为跨入数字化奇妙新世界的最佳指南。

1996 年是中国走进数字时代应该纪念的一年。在那一年中国最早一批互联网使用者将尼葛洛庞帝的《数字化生存》引入中国，就此"互联网"以极快的速度和极强的力度闯进了中国普通人的视野和生活，掀起一股全国性的数字化和网络飓风，为尚处于蒙昧状态的中国大众上了一堂极其生动的教育课。《数字化生存》对当时中国的 IT 业界人士和因特网爱好者来说如同打开一扇门的金钥匙一样，是中国 IT 业的一缕曙光。

也许几年前《数字化生存》中所描述的未来数字化生存的方式，让我们感到匪夷所思，但现在，我们开始踏入数字化生存的门槛，开始尝试和享受数码科技为我们带来的数码生活。当数码相机、数码摄像机、MP3 播放器等数码产品已经开始成为人们追逐的时尚，渗入到我们生活中的各个角落时，人类的每一代都会比上一代更加数字化。如果你不想与时代脱节，不妨打开尼葛洛庞帝这本经典之作，去领会"数字化生存"的含义。本书描绘了数字科技为我们的生活、工作、教育和娱乐带来的各种冲击和其中值得深思的问题，作者文风幽默、见解犀利，是跨入数字化新世界的最佳指南和我们每个人的必读之书。

## 二、内容简介

1991 年的一天，《连线》杂志的发起人走进阿姆斯特的一家酒吧，他的心情非常糟，因为他的《连线》杂志濒临停刊，为了筹集资金他已经遭遇了无数冷遇。在这间酒吧里他遇到了麻省理工学院的一位教授，尽管心灰意冷，但他还是向这个陌生人介绍了自己的《连线》杂志。让他喜出望外的是，几天后，这位教授决定对杂志进行投资。这位雪中送炭的投资者就是尼葛洛庞帝。

尼葛洛庞帝明确表示为了投资安全、提高杂志品质，要求在最后一页开辟自己的个人专栏。而就是尼葛洛庞帝的这个个人专栏使《连线》势如破竹，刮起了媒体旋风。1995 年，尼葛洛庞帝将他在《连线》初期发表的 18 篇文章结集成书出版，这就是著名的《数字化生存》。这本书一推出立刻风行全球，被译为多种文字出版。

"计算不再只和计算机有关，它决定我们的生存。"尼葛洛庞帝在本书前言中开宗明义地写道。贯穿全书的一个核心思想是比特（bit，即 binary digit），作为"信息的 DNA"，正迅速取代原子而成为人类社会的基本要素。尼葛洛庞帝认为物质世界的基本粒子如果说是"原子"，那么，数字化革命后的新世界的基本粒子就是"比特"。比特和原子遵循着完全不同的法则，它没有重量，易于复制，可以以极快的速度传播。在它传播时，时空障碍完全消失。原子只能由有限的人使用，使用的人越多，其价值越低，比特则可以由无限的人使用，使用的人越多，其价值越高。

尼葛洛庞帝认为虽然信息仍然是以报纸、杂志的形式（原子）传播的，但其真正的价值却在于内容（比特）。我们仍然用金钱（原子）来购买物品与服务，但是世界范围内的资金流——每天数以万亿计——却是通过电子计算机控制的电子资金转账系统（比特）来实现的。现行社会的种种模式正在迅速转变，形成一个以"比特"为思考基础的新格局。因此尼葛洛庞帝宣称，"后信息时代"已悄悄来临。后信息时代的根本特征是"真正的个人化"。这里的个人化，不仅仅是指个人选择的丰富化，而且还包含了人与各种环境之间恰如其分的配合。其间，机器扮演的角色是使这种配合能够接近过去没有机器时的自然与和谐。这就要求机器对人的了解程度和人与人之间的默契不相上下。人不再被物役，而物为人所役。在科技的应用上，人再度回归到个人的自然与独立。

"信息DNA"正在迅速取代原子而成为人类生活中的基本交换物。信息技术的革命将把受制于键盘和显示器的计算机解放出来，使之成为我们能够相互交谈、共同旅行，能够抚摸甚至能够穿戴的对象。这些发展将改变我们的生活方式。尼葛洛庞帝在《数字化生存》中向我们展示出这一变化的巨大影响。自从加拿大传播理论家马歇尔·麦克卢汉在20世纪60年代出版了《理解媒介：人的延伸》以来，公众一直竭力试图理解电子时代信息产业的发展。然而，还没有一部著作像《数字化生存》这样，在如此宽广的层面上启发我们对今日世界和它的奇妙未来的认识。

按照尼葛洛庞帝的观点，数字化的空间是一个虚拟的，依靠数字逻辑建立的，是不可触摸的，呈非物质形态的东西。他认为对数字化空间了解的人并不多。在一项关于"数字化的生存"的调查中得到的反馈信息显示，在对88人次的访问中，关于"数字化生存的空间是指什么？"一项中，有58%的人对此一无所知。有12%的人认为：数字化生存不过是一个时髦的名词而已，就像以前非常流行的语汇，诸如

《数字化生存》英文版封面

"酷"之类，生活还是原来那种生活。只有很少的一部分人懂得一些数字化的含义。我们习以为常的生活方式，正面临着哪些冲击？善于运用电脑的新一代，将置身于什么样的生活环境？这就是尼葛洛庞帝试图通过《数字化生存》一书所回答的问题。这是一本非技术性的、关于数字化时代的书，描绘数字新世界的各种面貌。

在中国，尼葛洛庞帝的知名度仅次于比尔·盖茨，因为很多人特别是对因特网感兴趣的人，都是从他和他的《数字化生存》开始了解网络这个概念的。"搜狐"网站创始人张朝阳是他的学生，想要成为张朝阳类型的人，你可以先看看本书，或给你的父辈们或给你的老师们看看，这是认识未来数字化生存方式的一本通俗教材。所有在为数字化而焦虑、担心跟不上日新月异的技术发展步伐的人不妨读一读这本书，因为从广义上来讲，此书是为他们而写的。年纪较大的人应该感谢本书描绘了他们的孩子正在做或以后将要做的事情；年纪轻一点的人会为他们的生活方式得到理解和印证而振奋；年纪更小的人则可以及早开始新的梦想，因为他们才是后信息社会真正的主人。

## 三、作者生平

1996 年被《时代》周刊列为当代最有影响的未来学家之一的尼古拉斯·尼葛洛庞帝，1943 年出生于一个富裕的家庭，他的童年过得比一般的孩子都要好，有很多机会去做自己想做的事情，包括能在不同的国家学习和生活。从 3 岁起，尼葛洛庞帝就随着父母游走世界，这种成长经历使他长大以后变得非常自信。尼葛洛庞帝长大以后意识到的第一件事情就是犯错本身并不是错误，人必须尝试很多事情。当人们说你做错了的时候，这只是他们的一家之言。也许只是从他们的观点来看是错误的，而你必须有一个实验的精神。

尼葛洛庞帝自称自己是一个冒险者，在各个领域都是。他的数学非常好，同时也十分爱好艺术，他认为要两者兼得，最好的选择就是学建筑。所以大学时代，他主修建筑，但后来却因为从事计算机辅助设计的研究，而一头栽进了计算机科学的领域，无法自拔。此后，尼葛洛庞帝一直处在计算机与大众传播科技领域的最前沿，被称为"数字革命的传教士"。23 岁的时候，他就成为了麻省理工学院的教授。

1968 年，依靠美国军方的资助，尼葛洛庞帝成立了建筑机器实验室，在此期间，他写作了若干本颇具影响的书，包括《建筑机械》、《柔性建筑机械和计算机对设计及建筑的支持》等。当然实验室的小型机，还只有 8KB 内存。1980 年，尼葛洛庞帝开始为筹建媒体实验室四处拉赞助。1985 年，他和麻省理工学院第十三任校长共同创办了媒体实验室。尼葛洛庞帝和一群被正统计算机科学界排拒在外的研究人员自成一派，并且形成了计算机科学界的非主流文化。这群人中有计

尼古拉斯·尼葛洛庞帝（1943～ ）

算机专家、音乐家、艺术家、建筑家、物理学家、数学家、心理学家和大众传播专家，研究的领域跨越数字电视、全息成像、电脑音乐、电子出版、人工智能、电脑视觉艺术、人机界面设计及未来教育等。维系他们的不是共同的学术背景，而是一致的信念：无所不在的电脑将不仅会改变科学发展的面貌，而且会大大影响人类生活的每一层面。他们相信，就好像 19 世纪的钢铁生产和 20 世纪初的电力发展一样，未来的关键科技将是人与电脑之间的互动能力。今天，媒体实验室已成为全美最著名的研究机构之一，几乎美国所有的重要期刊或电视科学节目，都介绍过这个实验室。

尼葛洛庞帝还是一个有名的投资家，1991 年，他为即将停办的《连线》杂志投资 7．5 万美元，并在杂志上开辟个人专栏放在杂志最后一页。他解释说："这样，如果杂志失败了，我也有一份责任。"第一份以时尚为基调的 IT 杂志就此诞生，其冲击力是 10 年中媒体业所少有的。《连线》也很快声名远扬了。《连线》杂志专栏作家的身份也很快成了尼葛洛庞帝的首要身份。尼葛洛庞帝的专栏也引发了热烈回响。1995 年，尼葛洛庞帝将 1993 年和 1994 年两年内所写的 18 篇专栏文章组织成《数字化生存》一书推出，出版后即十分畅销，旋即被译成 20 余种文字。许多人建议尼葛洛庞帝趁着势头，再写《数

字化生存》的第二集。而且在《数字化生存》之后，他在 4 年中又累积了 48 篇专栏，足够编出两三本书了。但是他断然回绝。他表示下一本书可能要等很多年之后。尼葛洛庞帝在写完 1998 年最后一篇专栏后，宣布停笔，将 6 年专栏作家的身份画上句号。

由于尼葛洛庞帝多年来在电脑及大众传播科技发展上的创建与贡献，他每年都应邀到世界各地演讲，为各国政要及企业界提供建议。1980 年，他担任了国际信息处理联合会在荷兰阿姆斯特丹召开的"日常生活中的计算机"会议组委会主席。两年后，他接受法国政府邀请，成为位于巴黎的"个人计算机与人类发展国际中心"的执行主任。此外，他是若干企业法人委员会的活跃成员，同时还是一个支持信息与出版技术的风险基金的特别合股人。

在尼葛洛庞帝眼里，互联网代表的是一种新文明、新文化，他不仅宣扬数字革命，他自己生活就堪称一种"数字化生存"。他在麻省理工学院没有自己的办公室。很少打电话，更不用说在纸上写信了，每天深夜花几小时处理电子邮件，就好像早上起床吃早餐一样，是他日常生活的一部分。他每年都旅行 30 万英里，飞往全球各地发表演讲，参加研讨会，或为各国政要及企业提供咨询。旅行时，他总是随身携带着数磅重的电池、占据 1/4 行李箱的各种插头、插座和一部笔记本电脑。电子通讯设备为他串联起麻省理工学院和他在希腊特摩岛的家以及他当时所在的任一地方。对尼葛洛庞帝而言，他认为数字化生存使他挣脱了时间、空间的限制和"原子"的束缚，得以遨游更为广阔的世界，接触更广泛的人群。数字化生存代表的是一种生活方式、生活态度。

1996 年 9 月的一天，一个中国年轻人来到了尼葛洛庞帝的面前，他就是后来创办了搜狐的张朝阳。他当时想开一个公司，但是对网络却不是特别了解，凭感觉，他觉得网络在中国会有非常大的发展。他希望尼葛洛庞帝能投资中国。尼葛洛庞帝认为中国是非常大的国家，发展的潜力非常大，而且电信业也将毫无疑问成为发展的一部分，而电信业发展的未来就是因特网。1996 年的时候，中国的因特网就像一片沙漠，人们还不知道互联网到底是怎么一回事。中国市场没有饱和，没有很多人在共同抢占一个东西，而是有很多可以在这方面有所作为的人。在短短 30 分钟的交谈后，尼葛洛庞帝决定帮助张朝阳。如今，他所发起并投资的"搜狐"，已经成为目前国内最正宗的风险投资范本和最成功的互联网企业，并引起了世界性的关注。除了张朝阳操作有方，经营得当外，很大程度上是以尼葛洛庞帝非同寻常的影响力为后盾的。

尼葛洛庞帝不仅仅是一位普通的专栏作家和畅销作家，也不仅仅是理论上的一名未来学家，更是一位技术领域的实践者和商业领域的活动家。而且难能可贵的是，他始终在为中国信息产业推波助澜。他的《数字化生存》一书在中国至今还没有一本书能够达到它的高度，并取代它的影响。

# 威尔逊:《生命的未来》

## 一、成书背景

　　爱德华·威尔逊是美国哈佛大学知名教授，作为一位具有国际影响的生物学家，他所创立的"岛屿生物地理学"被誉为"20世纪未获诺贝尔奖的五大科学发现"之一。他既是一位可以影响美国政策甚至政治的科学家，又是一位伟大的作家，他的作品文笔优美，融科学、人文与艺术为一体，曾两度获普利策奖。

　　威尔逊博士知识渊博，1996年被《时代》杂志评为25位最有影响的美国人之一，几乎他的每部作品都如同重磅炸弹一样在社会上激起极大反响。作为前后几任美国总统的长期顾问，威尔逊所献身的不只是科学研究，而且是拯救地球这样一项伟大的事业，因而他的身影活跃于科学界、环保界以及政界。

　　"大自然是我们的一部分，正如同我们是大自然的一部分。"在威尔逊的眼里，环境并不是人类超越性的追求，而不过是我们的天性使然。他于2002年推出的《生命的未来》反映了他对环境问题的最新思考。该书英文版一出版即引起很大反响，好评如潮。英国著名科学杂志《自然》还特辟专栏书评予以介绍。

　　读过威尔逊这一力作，相信每个人都能强烈意识到在地球上人不是惟一的动物，还有许许多多别的生灵。它们和人类一样，都是大自然的子民，任何一个物种的灭绝，都会影响到整个生物链的平衡。因而保护生物的多样性，就是保护人类自己。人类来自于自然，人类的文明从大自然中展开，人类的智慧在大自然里萌芽。对每个人来说，对大自然的领悟力和亲和力，在一定意义上也决定了他人生境界的高低。

## 二、内容简介

近年来，出版界中涌现了大量有关生物多样性、环境保护、生态伦理等主题的图书，其中不乏优良之作，而威尔逊的《生命的未来》是其中最优秀的一本。

本书原版问世于 2002 年，在书的开篇，威尔逊放上了一篇长长的抒情信，献给故去一个多世纪的思想家梭罗。"这里是瓦尔登湖，湖面上忧伤鸽子的乱舞，湖边青蛙的悲鸣，那深沉的哀伤划破这黎明前平静的湖水——这才是拯救这个地方的真正原因！"威尔逊深情地写道。在梭罗的时代，地球上很多地方依然人迹罕至，物种多样性完好无损，但在威尔逊的时代，一半的热带森林已经砍伐殆尽，世界的边界已经消失，动植物物种正以前所未有的速度消亡。面对这种被低估、忽视了的生存潜在危机，威尔逊以一个生物学家的立场来论述世界上许多珍稀物种消失的故事，在展示全球生物多样性的富丽繁华的同时，以大量数据和例证，再加上亲身的研究和体会，他确凿地论证了生物多样性丧失的危险，并提出了解决危机的若干方案和办法，包括一些已经付诸实践的方法。

在《生命的未来》一书中，威尔逊还探讨并推翻了环境政策与经济增长相对立的陈旧观点，明确指出人类在寻求经济发展的同时，可以找到适当的方法来维持地球的完整性及其所蕴藏的生物多样性。在威尔逊的笔下体现出深刻的道德激情和令人信服的伦理思考。当越来越多的科学家满足于埋首实验室，在狭隘的学科分支里精耕细作时，当越来越多的人文学者和社会学者远离事实，沉迷于自说自话时，威尔逊却能融会科学和道德、事实与价值、知识和爱，发出深思熟虑、充满人道精神的声音，无疑为世人敲响了警钟。在环境伦理方面，有"浅绿"和"深绿"之争，有人类中心和大自然权利论的分野，而威尔逊奇妙地把两者结合了起来，实现结合的黏合剂是一种爱

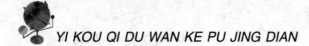

——对人类的爱、对生命的爱和对大自然的爱。

该书文笔优美，生动流畅，既符合大众阅读口味，又有很高的知识含量，是威尔逊又一深情关怀之作。追随着作者的思绪，你既可以安静地徜徉在瓦尔登湖畔，又可以尽情地领略壮丽地球生物圈的斑斓多姿和神秘奇特。作为对反环境论书籍《多疑的环境保护论者》的回应和反驳，书中还有世界顶级学者的激烈交锋，而同时，面对一个个珍稀物种走向濒危甚至消失的故事，你也将为人类的贪婪掠夺和无情蹂躏而震惊和痛心……面对经济发展与自然保护之间存在的巨大张力，人们是否可能找到一个较好的办法来解决这一两难问题？自然保护的真正意义及其依据又是什么？现在，《生命的未来》将引领我们直面这些问题。该书不仅是对生物圈进行生动描绘的科普读物，也是一本保护地球、保护包括人类自身在内的所有生物的行动指南。

## 三、作者生平

爱德华·奥斯本·威尔逊博士是美国著名生物学家，在北美和欧洲拥有27个名誉博士学位，先后获得75个具有国际影响的奖项。他1929年出生于美国南方阿拉巴马州。7岁那年，父母离婚后，威尔逊寄住在天堂海滩的一户人家中。对威尔逊来说，那是一个名副其实的天堂。每天早晨用过早餐，小威尔逊便走出家门，沿着海滩闲逛，搜寻所能见到的各种动物。一天，小威尔逊在码头垂钓，一只小鱼上钩了，他猛地一扯，猎物飞出水面，摔到了脸上，一根鱼刺恰好刺到了右眼瞳孔。结果，威尔逊只剩下了左眼的视力，幸运的是，他没了立体视觉的能力，却能清楚地辨明小昆虫身体上细腻的图案和纤毛。稍后，威尔逊又丧失了大部分高频率音域的听力，这使得他无法分辨鸟类与蛙类的叫声。但威尔逊心中热爱生命的火种已经点燃，他把目光投向了地面，开始研究地球上的生物。

美国社会从来不缺依靠自我奋斗成功的个人英雄，威尔逊就是其中的典范。1951年初，威尔逊的父亲以自己心爱的手枪自戕，年仅48岁。在父亲过世后，威尔逊决定申请转学到哈佛大学。那儿有世界上最丰富的蚂蚁标本，昆虫研究的传统既深且久。

作为一个博物学者，在哈佛读书期间留给威尔逊印象最深刻的场景恐怕并不是课堂和实验，而是远离哈佛的田野和遥远的热带。威尔逊是一个有天分的人，哈佛则是有能力发现和成就学生的这种天分的地方。威尔逊得到机会到古巴、墨西哥的犹卡坦半岛、新几内亚及其他南太平洋群岛等地区进行研究，随着实际经验的不断积累，威尔逊在学术上逐渐走向成熟，他开始撰写一篇篇的论文，提出一个个新的假说、见解和论断，其涉足领域包括生物地理学、进化生物学、社群昆虫生物学、蚂蚁分类等。以蚂蚁这种小生灵为主题，他写出了大量的论文和专著。在接受《科学美国人》杂志记者约翰·霍根采访时，威尔逊拿着一厚摞他绘制的蚂蚁草图说："也许在你看来这是项极其枯燥乏味的工作，但对我来说，这却是所能想象到的最佳消遣活动。"由于在蚂蚁研究方面成就突出，威尔逊被人称为"蚂蚁先生"。

在职业生涯的每一个阶段，威尔逊总是把眼光放开，试图了解如何将他所掌握的知识进行博学的拼凑，使之可能适应的范围更广泛。在 1971 年出版的《昆虫社会》一书中，他纵观黄蜂、蚂蚁、蜜蜂和白蚁的社会性进化。他以遗传、进化等概念来解释动物的社会行为：自私、合作、权力、家庭等，研究范围则扩及珊瑚、管水母类及其他无脊椎动物，社会性脊椎动物（特别是灵长类），最后则是人。1975 年，威尔逊完成了《社会生物学：新的综合》一书。在这本书中，他认为从蚂蚁到大猩猩的各种动物的社会行为都有生物上的基础，并把这个观点推广至人类：从战争到利他主义的许多人类行为，也有其生物基础，它们是动物特性的一部分。该书一出现，立即遭到左翼人士的攻击。但威尔逊并没有被吓倒。随后，1977 年，他又出版了《论人性》（1979 年获得普利

爱德华·奥斯本·威尔逊（1929 ~ ）

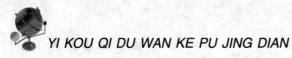

策奖），强化了自己的观点。从《昆虫社会》到《社会生物学：新的综合》，再到《论人性》，这是威尔逊建构起他的社会生物学理论体系的"三部曲"。

威尔逊认为自己是一个天生的"整合者"。他的社会生物学理论无疑归功于他的综合性思维，即善于把多种不同的科学知识和科学方法应用到自己的研究中，善于吸收其他科学家的观点，在掌握足够多的材料的基础上，通过综合分析得出自己的结论。忘我工作的本性给了威尔逊博士无穷的动力，推动他从一个尖端到另一个尖端，去寻求科学的真理。1990 年他与霍德柏格合作发表了《蚂蚁》一书。这本书共有 722 双栏页，数百张教科书图表和彩色插图，以及 3000 条参考书目，总重 3.4 公斤。第二年，《蚂蚁》荣获当年度非小说类普利策奖，这是第五本获普利策奖的科学书籍，如果限定为科学专著，则是第一本。

威尔逊晚年致力于环境保护，到处演讲撰文，宣扬"亲生命性"与"生物多样性"等观念。2000 年因他在环境保护上的成就再次被《时代》杂志评选为世纪人物。他一生著述颇丰，除了上面提及的著作外，还出版了《论亲生命》、《缤纷的生命》、《追寻自然》等，为科学事业的发展做出了巨大的贡献。

# 罗素:《人类的知识》

## 一、成书背景

人是怎样获得他们的全部知识的？除了依靠感官之外，为了获得知识，我们还应该做些什么？《人类的知识》一书从哲学的角度为我们问答了这些问题。

《人类的知识：其范围与限度》出版于 1948 年。那时的欧洲，哲学已经成了与数学同样专门的学科，只能为一部分人所了解和认识。罗素为哲学的这种状况感到悲伤，他要写一本哲学著作，这本著作是为只受到过一般教育的人写的，使他们一看就能懂并对其中的问题感兴趣。

罗素一生涉猎许多科学领域，在每一个领域都取得了不小的成就，在哲学和数学上他的成就尤为突出。在哲学上，他以实在论反击了黑格尔派的绝对唯心主义；他还提出了逻辑原子主义哲学思想；研究了从原子事实推导出科学知识所必需的各种推论原则。到 20 世纪 40 年代，他决定写一部哲学著作，作为自己全部哲学见解的一个总结，于是便产生了这部《人类的知识》。

罗素写作这本书得到了许多人的帮助。这本书的第三部分第四章即《物理学与经验》还曾由剑桥大学出版部出版，该出版部十分痛快地同意了罗素将它列为本书的一部分。这些都为本书的顺利出版创造了条件。

## 二、内容简介

《人类的知识》是著名哲学著作。1948 年出版。中译本由张金言根据纽约西蒙——舒斯特公司 1948 年英文版译出，1983 年 12 月商务印书馆出版。

《人类的知识》集中反映了罗素晚期的哲学思想，全书的目的在于考察个人经验与科学知识整体之间的关系。

全书共分一个引论和六大部分内容。研究的主要问题是：既然人们和世界接触的时间是那么短暂，每一个人观察事物又总是带有个人的局限性，那么，人类的全部知识是如何获得的呢？

第一部分讲科学的世界。描述宇宙中由于科学研究而带有概念性的某些主要特点，这部分可以看做是为推理定论下必须达到的目标。在这一部分中，作者描述了天文学、物理学、生物学、生理学和心理学所揭示的整个世界。

第二部分讲语言。谈论的是两类准备条件：一是弄清楚某些像"事实"和"真理"这类基本名词的意义是非常重要的；二是必须考虑一下感觉经验对于"红"、"硬"、"公民"或"秒"这类经验界概念的关系；另外，还考察了"此时"和"此地"等主要与谈论人有关的词，另外是如表明经纬度和日期等不含人的因素的词的关系。作者认为语言有两种功用，一是为了表达思想和感情，二是为了传达信息。然后考察了用语言表达的"实质的定义"、"专有名词"、"知识与信念"、"句子"、"真理"等。

信念是身体上或心理上或者两方面兼有的某一种状态。简单说，就是有机体的一种状态。与自发产生的信念相区别的是不能提出进一步理由的信念，它是我们事实知识不可缺少的最小量的前提，我们将这类信念称为"与件"。

第三部分讲科学与知觉问题，这是本书主要部分的开始。这一部分把一般被人当作经验知识的东西中的与件和推理区分开来，表明推理（与逻辑构造相对而言）对于科学是必要的。还区别了两种空间和时间，一种是主观的和属于与件的，一种是客观的和从推理得来的。这一部分还指出，除非唯我主义以从未为人主张过的极端形式出现，那么它就是在逻辑上不能成立的、位于片断的与件世界的和完整的科学世界中的一所房屋。

第四部分讲科学概念。分析了从推理得出的科学世界的基本概念，特别是物理空间、历史时间和因果律。第三部分是发现什么可以作为与件，第四部分则是概然提出，如果科学可以找到合理根据，那么什么是一定能从与件推论出来的东西。

第五部分考察了概然性问题。对这个词的各种不同的解释和定义作了考察，同时还考察了试图把归纳和概然性结合起来的尝试。认为除非满足某些条件，归纳并不能使其结论带有概然性，并且只靠经验永远不能证明这些条件已经得到了满足。

科学的重要推理与逻辑和数学的推理不同，只具有概然性。所谓概然性就是在前提为真和推理过程正确的情况下，结论仅仅可能为真。概然性可能表达两种不同的概念，一方面有数学上的概率，另一方面有一种范围较大和意义更为含混的概念，叫做"可信度"。

第六部分讲科学推理的公设。作者试图发现一些先于经验的最小量的假定，这些假定是为从一组与件推论出定律找出合理根据所需要的。作者还进一步探讨了在什么样的可能有的意义上，可以说我们认识到这些假定是正确的、有效的。

罗素认为经验不足以构成科学知识，那么在科学的经验之外还需要什么必需的东西呢？他提供了 5 个为保证科学方法有效所必需的公设：准永久性公设；可以彼此分开的因果线公设；因果线中时空连续性公设；围绕一个中心分布的相似结构的共同原因起源的公设，或者说的简单一些，叫做结构公设；类推公设。

所谓"准永久性公设"，作者叙述为：已知任何一个事件 A，经常发生的情况是：在任何一个相邻的时间，在某个相邻的地点有一个与 A 非常类似的事件。这个公设的用途是代替常识中的"东西"和"人"的观念，而不涉及"实质"的概念。

所谓"可以彼此分开的因果线的公设"，作者叙述为：通常可能形成这样一系列事件，从这个系列中一个或两个分子可以推论出关于所有其他分子的某种情况。这个公设的最重要的用途是它与知觉相关联的方面，例如，把我们观看夜空时视觉的多重性的原因归于星体的繁多。

所谓"时空连续性公设"，"是用来否认'超距作用'的，并主张在两个不相邻的事件之间有着因果关联时，在因果联系上一定存在着一些中间环节，情况是每个环节都与下一个环节相邻，或者（另外一种可能）情况是存在着

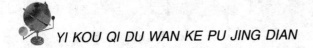

一种具有数学意义上的连续程序。"作者提醒注意：这个公设不是用来建立因果联系的证据，而是为了在那些因果联系早已确定的情况下进行推论。这个公设的用途广泛，我们在科学以及常识中关于未观察到的现象所作的大量推论，都要依靠这个公设。

关于"结构公设"，作者认为：当许多结构上相似的复合事件在距离不远的领域围绕一个中心分布时，通常出现这种情况：所有这些事件都属于以一个位于中心的具有相同结构的事件为它们的起源的因果线。

所谓"类推公设"，作者叙述为：如果已知 A 和 B 两类事件，并且已知每当 A 和 B 都能被观察到时，有理由相信 A 产生 B；那么如果在一个已知实例中观察到，但却没有方法观察到 B 是否出现，B 的出现就具有概然性；如果观察到 B，但全不能观察到 A 是否出现，情况也是一样。

本书最后得出的结论是令人沮丧的，他最后认为"全部人类知识都是不确定的、不精确的和不全面的"。

《人类的知识》是罗素哲学的代表之作，罗素后期思想在本书中得到了最系统的阐述。他本来是一个逻辑原子主义者，认为世界是由原子事实所构成的。在这本著作中，罗素又发展了自己的这一立场，他的最后看法是，性质的主体只是由共现的性质集合组成的结构。他的目的一直是替公认的信念找寻理由，不管这些信念属于数学、自然科学、社会科学和常识当中的哪一个领域。他的方法永远是从坚实可靠、不容置疑的命题出发，并以此为基础，用最少量的假定重建知识的大厦。使用这种方法的结果就是他通常采取分析的方式为信念提供合理根据，从而推动了当代哲学中的分析运动。由此，他继承了英国经验主义的传统，成为 20 世纪经验主义哲学的代表人物，对当代西方哲学的发展起到了重要的推动作用。此外，罗素在他这本哲学著作中以他散文家的优美笔锋阐述了深奥的哲学道理，这不仅吸引了读者，而且对哲学家们的写作也不无启示。罗素的传记作者阿兰·伍德说，这是罗素最重要的哲学著作之一，也是哲学史上的一个里程碑。罗素一生著述极为丰富，他的著作影响很大。有人认为，他是自法国著名启蒙思想家伏尔泰以来在西方影响最大、声誉最高的学者。

## 三、作者生平

罗素（Bertrand Russell 1872—1970 年），英国哲学家、数学家、逻辑学家、社会活动家。1872 年 5 月 18 日出生于威尔士蒙默思郡的特雷莱克一个贵族家庭。早年在剑桥大学学习数学和哲学，1894. 年获得学位。担任过三一学院兼职研究员和哲学讲师，1895 年发表第一篇论文《论几何学基础》，并因此取得研究员资格。1920—1921 年作为访问学者来到中国，曾任北京大学客座教授。1914—1940 年任美国哈佛大学客座教授。他勤于思索，努力学习，涉猎广泛，终于成为一位百科全书式的学者。1900 年是罗素学术思想的转折点。他认为符号逻辑可能以数学特有的精确性来解决哲学难题，由此他创立了用符号表示关系的方法。1901 年他发现了悖论，由此引发了所谓第三次数学危机，进而推动了人类认识的发展。1903 年他花了几年的时间辛苦写成的《数学原理》得以发表，但因为这是一部理论高深的学术专著，市场很小，印量很少，出版社因经费困难不愿出版，罗素不得不自己出钱来印这本著作。就是这部《数学原理》，使他成为逻辑主义学派的创立者。

罗素将自己的数学观与哲学观紧密结合，企图将数学和数理逻辑作为最严格的科学方法用以研究哲学。他认为，运用数学可以解决许多的哲学难题。

罗素第一次将分析方法引入哲学领域，引起了哲学领域的巨大变革，也极大地推动了当代西方哲学的发展。罗素也因此成为分析哲学的奠基人。他的哲学思想大体经历了三个阶段。第一阶段是在 19 世纪末 20 世纪初，这是罗素哲学思想的新实在论时期。这一时期罗素的哲学著作主要有《数学原理》（Principles of Mathematics 1903 年）和《哲学问题》（1912 年）。他在哲学领域的主要贡献在于反对黑格尔派的绝对唯心主义。当时统治英国哲学的正是以布拉德雷等代表的哲学家，他们将黑格尔的绝对唯心主义哲学奉为经典，视之为惟一正确的哲学。以罗素和摩尔为代表的新一代哲学家对这一权威的哲学思想提出了挑战。罗素提出了外在关系说，并进而得出外在事物的存在并不依靠人的意识这一哲学结论，从而形成了对黑格尔的内在关系说的巨大挑战。第二阶段是在 20 世纪的第二三个十年，这是罗素哲学的逻辑构造主义

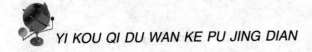

时期。这一时期他的主要著作有《数学原理》（Principia Mathematiea，三卷，1910—1913 年)、《心的分析》（1921 年)、《物的分析》（1927 年）等。这一时期他的精力集中于把数学还原为逻辑，研究心的构成和物的构成。他认为心与物只是经验的两种不同形式。常识世界中看似平常的比较简单的事物实际上都是极其复杂的，是由原子事实构成的复合。世界是有许许多多相互独立的原子事实组成的总和。这就是罗素的逻辑构造主义认识论。罗素哲学思想的第三个时期主要在 20 世纪 40 年代，这是他哲学思想的最后时期。这一时期的主要著作有《意义与真理的探讨》（1940 年)、《人类的知识：其范围与限度》（1948 年）等。这一时期他认识到经验主义是不够的，只有依靠某些不依赖经验的原则才能把经验中得到的零碎知识串联起来构成科学的世界。因此，罗素开始研究从原子事实推导出科学知识所必需的各种推论原则。

罗素不仅是数学家和哲学家，他还是一位和平主义者。出于对人类生存的莫大关心，他时刻关注着当代政治变革，写了许多的政论作品。他反对那种穷兵黩武的行为，主张普遍裁军，尤其反对使人类面临灭绝威胁的原子战争。

1934 年，罗素由于数学上的成就，获得英国皇家学会的西尔威斯特奖和皇家数学会的德摩根奖；1950 年他还获得诺贝尔文学奖金，同年被授予英国"功勋奖章"。

罗素的其他主要著作还有《哲学问题》、《神秘主义与逻辑》、《西方哲学史》等。

# 戈尔勃夫斯基：《人类文明之谜》

## 一、成书背景

　　自人类文明产生以来，人类就存在着不断深化对自身认识的课题。其中，对古代人类文明发源时间的认识有一个不断变化的过程。随着近代以来科学技术突飞猛进的发展，人类认识自身历史的手段也日益丰富起来。利用现代科学的手段，远古时期人类历史的面貌日益清晰，逐渐形成了现在流行的对人类文明起源的认识。但是，这并不是说人类已经彻底地解决了文明起源的问题，现在还存在着关于远古人类文明的许多谜团，这些疑团用现在通用的说法是无法解开的。于是，就有不少的人对这些疑团进行专门的研究，结果得出了令人难以置信的结论。《人类文明之谜》就是这些研究中的一种。

　　谁都知道，人类文明最先诞生于公元前 4000 年前后。可是，你知道吗？关于人类文明还有着一系列的疑团，有人认为，一万二千年以前，人类就有了高度发达的文明，只是由于后来遭到了某种重大灾难，才出现了人类文明的断裂。持这种说法的人还提出了许多的证据……

## 二、内容简介

　　《人类文明之谜》是前苏联职业考古学家 A. A. 戈尔勃夫斯基的著作。1966 年在前苏联出版，很快在国外被译成二三十种文字不断再版。中文本于1990 年由中国国际广播出版社出版，译者是信立祥、王红，他们是根据日文译本翻译的。全书共 9.4 万字。

　　全书共分为两章，第一章"痕迹与证据"提出一系列的事实根据，据此证明曾经有过一场毁灭人类文明的大灾难的存在。

在世界各地的经典和神话传说中，不约而同地提到了一场毁灭人类的大灾难。即使是神话，也不是无端而来，它也是以一定的事实为依据的。例如，德国的考古学家根据荷马史诗中的模糊的暗示，找到了传说中的特洛伊城。根据苏美尔泥版文献中记载的在大洪水来临之前有五个城市的记载，考古学家们现在已经找到了其中的三个。

苏美尔泥版文献和圣经中都叙述了大洪水。据记载，神为了使人类灭绝而掀起了大洪水，它使几乎所有的人的生命都灭绝了。这样的传说世界各地都有流传，在埃及的经典中、非洲各民族的传说中、印度的梵语古代写本中、太平洋各民族的民间传说中以及南北美洲土著居民的传说中都曾记载了这场大灾变。现居住于危地马拉地区的印第安基奇埃族有一种古文书叫做《波波尔·乌弗》，其中对灾变描述到："发生了大洪水。……周围变得一片漆黑，开始下起了黑色的雨。倾盆大雨昼夜不停地下。……人们拼命逃跑。……他们爬上房顶，但房子塌毁了，将他们摔到地上。于是他们又爬上树顶，但树又把他们摇落下来。人们在洞窟里找到避难地点，但因洞窟塌毁而夺去了人们的生命。人类就这样灭绝了。"

对灾变的记载有一些共同点。特别明显的有四点，其一，几乎所有的传说，都出现了预言家之类的人物，他向人们发出了大灾变即将来临的警告；其二，受到警告而逃脱性命的人，在各地都是一男一女两个人（有时带着孩子），如《圣经》中的诺亚和他的妻子，爱尔兰叙事诗中的比特和比兰等；其三，为了知道洪水是否退去，得救的人往往向外放鸟，如果鸟衔着橄榄枝回来，说明水已退去，陆地已经露出；其四，在灾变中都遇到诸神震怒，诸神都认为人应全部死光。

根据各地对大灾变的记载的不同，可以推断出灾变似乎发生在美洲大陆和非洲大陆之间的某个地方，随着据大西洋的距离的加大，灾变的规模逐渐变小。在东南亚和中国，传说海水淹没陆地后，又从海岸向东南退去。"在中美洲，水到了最高的山的山顶，而在希腊，水位到了快淹没土丘和大树顶的地方，而一到波斯，水只有一人深了。"

关于大灾变的原因，各地的经典和传说都记载着与天体现象有关的事情。共同的是，某一时间，出现了不知名的天体，它们或是落向地球，或是远离地球飞去。希腊的《第五巫女书》中说，地平线上出现了一个亮度使得太阳都显得暗淡无光的天体，不久掉入大洋之中。在今天的爱沙尼亚的萨列马岛，有一个湖被称为卡利普哈雅拉湖，它在当地被称为圣湖。根据研究，这个湖是一个巨大的天体落到地上而形成的，而这个天体只是陨石雨的一个小雨点。完全可以设想，曾发生过宇宙物体向地球的坠落，有的物体在坠落到地球时出现了巨大的火光。许多迹象都表明，天体运动是地球发生大灾变的原因之一。

有许多关于大灾变可能再次来临的记载。玛雅人的生活，一切都以大灾变可能会再次降临的不安全感为特征。《圣经》有几处提到这种不安全："太阳暗淡、月亮也不能再发光、行星从天上掉下来、天力动摇的时刻即将来临，……但是，没有一个人知道它的日期和时间。"印度的故事诗《马哈巴拉塔》也预言，发生洪水、疯狂的大水吞没整个大地的日子在近期内即将降临。这些记载说明了曾经发生过的大灾变在人类中留下了深刻的记忆。看来，大灾变肯定发生过。

以后发生过的地方性的灾变，也证明上古时代曾发生洪水，并伴随有毁灭性大地震。仅举一例，在 1450 年前后，大西洋的水位突然增高，奔腾的海水进入此前水位明显低于大西洋的地中海，许多陆地被迅速淹没，当地居民无一幸免。一幅制作于大西洋水注入地中海前的地图证明了这一切，那张地图显示的岛屿要远远多于我们今天所看到的地中海上的岛屿，而塞浦路斯岛甚至是与亚洲相连的陆地。

大灾变时在大西洋上曾出现陆地的陷落。许多证据证明大西洋上曾存在陆地。学者研究了从大西洋 3600 米深的海底取出的泥土，发现只有在淡水中才能生活的水栖隐花植物的痕迹。要解释这种现象，只能认为这个地区曾存在陆地。另一个证明是，1898 年，法国的海底电缆检修队在大西洋底发现火成岩碎片，对这种只有在大气压力下才能形成的玻璃状熔岩研究表明，它是在公元前 13000 年前后形成的。

众所周知的是，欧洲冰川期的结束是在公元前 10000 年前后。据此，就可以说，大西洋中发生大灾变性质的陆地陷落，时间是在公元前 13000 年至公元前 10000 年之间。还有许多学者的研究证明，公元前 8000 年到公元前 13000 年曾发生地质大变迁。

南美的哥伦比亚山脉中的克尔德列拉山上，在海拔 5700 米的地方，考古学家发现了在厚厚的冰层下有两间小屋的遗迹。从小屋上的贝壳石灰岩和海洋的活动痕迹看，小屋曾在海边。推算得出，这一地区的隆起，是在一万年前的事情。

许多事实证明，在公元前 10000 年前后，曾发生人类文明的中断现象。这正好是大灾变发生的时间。大灾变和人类文明的中断之间存在着必然的联系。

第二章是"大灾变前的世界"，对大灾变前的人类文明进行了有根据地推断。

许多物证都证明，在大灾变出现之前，存在着我们所不知道的古文明。

16 世纪时，西班牙人在秘鲁的银山发现了长约 18 厘米的铁钉，它大部分附在岩石之中，可以得知，它埋在地下已经数万年之久。谁都知道，铁的使用是人类文明的重要标志。类似这样的发现在世界各地还有许多，它们可以说明古人类文明的存在。

文献记载也说明了古代文明的存在。现在众所周知的尼罗河流域出现最早的国家是在约公元前 4000 年前后。但生活在公元前 4 世纪的历史学家、埃及祭司马奈敦在他的著作中的记载令人吃惊：他曾谈到比公元前 17000 年更早的时期的事情，他将埃及编年史的记载定为开始于公元前 30627 年！公元 3 世纪的希腊历史学家蒂奥盖奈斯·拉艾尔狄奥斯曾记载说，埃及的祭司们保管着一份比马其顿的亚历山大要早 48863 年的古代文献。

随着科学的探测手段的发展和不断的考古发现，人类的历史也不断地被延长。可以说，人类的历史非常漫长。这似乎也使人们越来越强烈地感觉到，可能存在着我们还不知道的古代文明。

有迹象表明，在大灾变来临之前，古人曾希望将自己的文明留给后人，并为此做出了努力。金字塔的真正作用一直不为人所知，但死于公元965年的阿拉伯历史学家马斯乌蒂根据当时的资料做了如下记载："一位洪水之前还活着的帝王斯利德，命令祭司们造两座大金字塔，将他们得到的知识和各种艺术以及科学成果藏到里边。这是为了使这些成果躲过灾难，让后代的人知道。这位帝王还把星辰的位置及其周期以及其他知识记载下来。"这就是说，金字塔是为了流传知识而建造的。还有将知识写在石柱上以使知识流传下来的记载。还存在关于人们在大灾变前，曾打算留下关于自己所获得的知识的文献。可是，因为大灾变，只有少部分知识存留下来，而其中为我们现代人所知的更是少之又少。

因大灾变而失去的人类文明到底怎样，文献中也有记载。印第安人的古文书《波波尔·乌夫》中写道：最早的人类"精通世界上的一切事情，他们环视一下周围，马上就能看透天体和地球内部的各个角落。他们连隐藏在深深黑暗中的东西都能看到。他们动都不动，转眼间就能看透全世界，也就是说，他们从自己所在的地方就能看透全世界的各个角落。他们无与伦比地聪慧、贤明……"但是，忌妒心很强的诸神对如此聪明的人类不满。诸神想，"他们（人类）不是也要成神了吗?"所以诸神制造灾难，使人类丧失这些知识。

但是，某些高度发达的知识，没有由于大灾变而消失，它们被保存下来了。少数的没有被灾难摧毁的人类，传授了某些科学知识。我们知道玛雅人的知识水平极低，但他们知道天体运行的周期，如他们计算的地球绕太阳旋转一周的周期是365.242129天，而我们现在计算的是365.242500天。如果不是有极高知识水平的人的传授，连制造陶器和铁都不知道的玛雅人如何能计算出如此精确的周期。同样，距今两千年的希腊天文学家希帕尔克斯，他如果不是根据流传下来的资料，怎么也不会推导出只有百分之一度误差的月球运行轨道的数字。

可以想见，曾经存在的高度人类文明有极发达的天文学知识。1600年2月17日，布鲁诺被宗教裁判的熊熊燃烧的火刑烧死，原因就是他主张宇宙无限大。而在几千年以前的埃及金字塔里的古文书、古代印度和西藏的经典中，都曾论述过"宇宙是无限的"的思想。"很清楚，古代的人们有这种看法，既不是出自他们的日常生活经验，也不是出自与他们社会发展水平相应的知识。其根源，似乎在我们所知道的所有文明范围之外。"

类似高度发达的知识还有：关于地球是球体的知识，这在印度、埃及、美洲各地的经典和古文书中都有记载；对物质的认识，认为物质是永恒的，是不能消灭的；生命是从水中最先产生的；一年为 12 个月的历法；高度发展的冶金技术等。

令人惊奇的是，这些高度发达的知识，在世界各地竟是那么惊人地一致，尽管现在这些地方相隔万里。这如何解释呢？一位现代的研究者指出："在这半个世纪中，考古学和民族学已经搞清，埃及、美索不达米亚、克里特、希腊、印度、中国等旧世界的古代文明，其起源是相同的。而且，还可以由他们的神话和宗教仪式的形式是相同的这点来加以说明。"

过去的文明为何会消失，这是需要探讨的最重要问题之一。正像前面所说，大灾变是文明消失的最主要原因。但是，大灾变后留下的少量知识消失的原因呢？随时间的流失而流失当然是原因之一，此外还有两个原因，一是掌握尖端知识的是极少数古代神职人员，他们不希望这种知识扩散，因为对知识的垄断可以使他们长期居于优势地位。另一个原因就是人类有时自己故意去破坏这些遗产。如 1549 年西班牙年轻的修道士狄艾哥·德·兰达来到被征服的墨西哥，找到了一个收藏古文书的大图书馆，他下令将这些写满难以理解的图画和符号的古书和文书运到广场上，然后付之一炬。这样的例子在历史上有许多。

总而言之，本书论证了这样的看法：在 12000 年前，地球上已经出现了具有高度文明的人类，他们已经掌握了很多我们现代才取得的科学技术知识。"只是由于一场人类无法抗拒的灾难性巨变——突然降临的宇宙突变和地球灾变，这种高度文明与创造它的人类几乎全部毁灭。残留下来的一部分人也逐渐失去了高度文明。人类历史经历了一次巨大反复，重履了由蒙昧到野蛮再到文明的艰难坎坷的道路。"

# 叶至善：《科普杂拌儿》

## 一、成书背景

叶至善自 1945 年写作科普作品以来，已有二三百篇作品问世。这些作品中一部分已结集出版，这次结集出版的作品经作者亲自选定，是精品中的精品。至于为什么只选 34 篇，作者解释为：过去写的大量作品中，一部分涉及的科学知识已经过时了，一部分因与时政和社会结合紧密而成了历史的陈迹，还有一部分因插图过多而不合编辑要求，因此精选后剩下了现在的篇幅。

书中的作品是名副其实的科普"杂拌儿"，涉及许多的科学门类。这是因为作者在长期的编辑生涯中，为了刊物的需要，不得不自己亲自动手写一些稿子，刊物需要什么，他就写什么。因此没有比较固定的内容。但这决不影响作品的科学性，因为作者在写作每一作品时，都要自己完全弄清楚了后再写。

在现代社会中，很多人的科学知识还很缺乏，尤其是青少年，他们正处在长知识的阶段，以科学知识武装他们的头脑十分必要。

现在，专门为少年儿童创作的科普作品已经有许多种，但精品著作还为数不多。从 1945 年起，叶至善即开始专门为少年儿童写科普著作，自此笔耕不辍。在叶至善众多科普作品中，有不少的精品著作。读读他的这本《科普杂拌儿》，我们就会被其中一个个精彩的科普故事所吸引。

## 二、内容简介

《科普杂拌儿》由湖南教育出版社 1999 年 8 月出版，共 17 万字。该书是叶至善多年科普作品的选集，共精选了作者的 34 篇科普文章。文章内容涉及天文、地理、动物、植物等等，是名副其实的科普作品的"杂拌儿"。书的最后还附有一篇作者的后记。

在作者所写的科普作品中，许多是根据时事的需要写作的，目的是要在普及科学技术知识的同时启发少年儿童对时事问题的关心。该书选的第一篇作品是"纪念'九一八'说起大豆"，这是一篇写自 1945 年的作品。文章从日本发动侵略中国东北的战争的原因说起。日本侵略中国东北的重要原因之一就是掠夺那里丰富的资源。中国东北各种资源极其丰富，日本法西斯对那里的资源觊觎已久。那里究竟有什么资源，在一些流行已久的歌曲中就能知道：高粱肥，大豆香，男女老少喜洋洋；那儿有森林煤矿，还有那漫山遍野的大豆高粱。

中国东北土地肥沃，是中国的粮仓。大豆是东北农产品中重要的一种。解放前，东北出产的大豆许多出口到国外，出口量的 1/3 是到了日本。简单地说，日本如果占领了中国东北，就不用再花很多的钱买东北出产的大豆了。当然，这只是日本侵略东北的一个原因。

为什么大豆对人那么重要呢？人离开大豆不行吗？这是因为大豆中富含有人体需要的多种营养元素，其中最重要的就是蛋白质和脂肪。人体对蛋白质和脂肪的需求量很大。在西方国家，人们补充蛋白质和脂肪的主要来源是肉类食品。西方人在历史上就形成了以肉类为主要食品的饮食习惯。从历史上看，中国人吃肉很少，那么中国人以什么来补充人体需要的大量的脂肪和蛋白质呢？这就是大豆。中国人在历史上形成了喜欢吃豆类食品的习惯。

中国人吃大豆的方法很多，如吃豆芽、豆干、豆腐、豆饼等。用大豆还能制作出许多其他食品，像豆油、酱油等。用豆腐制作各种食品，中国人发明了许许多多的独特方法。利用一些特殊的工艺，一家小小的豆腐店可以制作出豆腐干、豆腐、豆腐皮、豆浆等多种产品。解放前，还有留学法国的中国学生靠开豆腐店赚钱交昂贵的学费呢！

大豆对人的贡献还有很多。栽种大豆不必施肥，省钱省事，同时大豆还可以为其他农作物提供肥料。在泥土中一种很常见的细菌最爱附着在豆类作物的根上，而豆根一遇这种细菌即长出小瘤来将它包住，这种细菌在小瘤中繁殖，为豆类植物的生长提供丰富的营养。来年，在这块土地上种别的庄稼，残留在土地中的小瘤也是这些植物需要的营养。

讲植物的文章还有"红杉的遭遇"。红杉是北美洲独有的树种，据说与我国的水杉是亲兄弟。红杉是十分珍贵的树种，它可以活六七百岁，长到百米来高。由于各种原因，红杉在北美也已存活不多。现在红杉是被重点保护的树种之一。

讲自然现象的文章比较多。如"云和雨"、"雷雨"、"台风"、"风和雨的规律"等。云的种类很多，常见的有"卷云"、"积云"、"层云"，它们各有各的形状，各有各的特性。卷云飞得极快，几乎与飞机的速度相同；积云在夏天午后很常见，这预示着好天气，但如云越积越多，就预示着雷阵雨的到来；层云夹在温度不相同的两层空气之间，如果在高山上，就有可能看到壮丽的奇观：抬头是晴空万里，低头却层云滚滚，就像波涛汹涌的大海。

台风是对我国每年都造成灾害的气候现象。台风是怎样形成的呢？因为各地有气压高低之别，如果某处气压特别低，空气便会自周围气压较高的地方"流"向气压低的地方，这样在气压低的地方就形成旋涡。台风就是一个巨大的空气旋涡。经常危害我国的台风是在北太平洋上形成的，风速一般在20—50千米/小时。越接近台风中心，风速越急。但在台风正中心的二三千米圈内，反而很平静。这是因为在这一小圈子里，已不再有气压的高低之别，因而风速极小。这个小圈子叫"台风眼"。台风眼周围的一圈又是风力最强的一圈。台风的危害极大，因此我们要积极做好预防预报工作。

在"风和雨的规律"一文中，作者以"风的性格"、"雨的规律"为题通俗易懂地介绍了常见的风雨规律现象。秋末冬初开始刮西北风。西北风猛烈、寒冷、干燥。夏天常刮东南风，东南风湿润、温和、洁净。

两股温度不同的空气流相遇，就会下雨。每年的四五月间，长江下游一代都要连绵半个月左右的雨天，因为这时正是这里的梅子黄熟的季节，因此称这时的雨为"梅雨"。

分子的运动速度与温度有关。温度越高，分子的运动速度越快；反之，分子的运动速度越慢。从这个道理我们就可以知道，在水里放糖，如果将水加热，糖的溶解速度就比不加热要快；同样，如果空气温度高，水就蒸发得快。

　　书中收入了一部分讲现代科技的文章，如"喷气飞机"、"没头脑和电脑的故事"等。喷气式战斗机的速度极快，当它飞过我们的头顶时，我们并听不到它的声音，等到我们听到声音抬头看时，飞机早已掠过我们的头顶远去了。这是为什么？这是因为飞机的飞行速度极快，超过了它自己的发动机发出的声音的速度。声音传播的速度是 1200 千米/小时，喷气式飞机的速度远远超过音速，可以想象喷气式飞机的速度有多快。

　　人类早就知道喷气推进的原理。春节时孩子们爱玩的"钻天"就是运用喷气的原理制造的。我国古代的人们运用喷气原理制造了许多武器。第二次世界大战中的前苏联在大反攻时运用了一种叫做喀秋莎的火箭，这种火箭也是运用喷气推进的原理制成的，它细长的身体前半部分是炮弹，后半部分是装满火药的喷气推进器，后半部分的火药一点着，就变成大量的气体，推进火箭飞速前进。这种火箭给希特勒法西斯以沉重打击，大大鼓舞了反法西斯人民的士气。

　　现代的喷气式战斗机是以汽油作燃料的。汽油燃烧需要氧气，工程师在喷气式飞机上安装两套"涡轮"，它们装在同一根轴上，中间隔一个燃烧室，汽油和燃烧室里的空气混合形成燃烧，产生气体推动飞机前进。

　　"没头脑和电脑的故事"讲述了没头脑的爸爸给它装电脑的故事。没头脑的爸爸是一位工程师，它利用现代电子技术为自己的儿子安装了电脑。

　　书中的一些文章是讲述少年儿童学习的功课。如"化学做了些什么"、"算术能使你聪明起来"等。化学的用途很多。任何实用的科学都离不开物质，离不开物质则离不开化学，没有离得开化学的事物。人类在生产实践中掌握了许多的知识，化学是其中的一种。化学帮助农民获得生产大丰收，利用化学知识制造出农药、化肥等，可以大大提高粮食产量。

　　古代的人用黏土烧制陶器，从矿石中冶炼出铜。这是人类运用化学知识的结果。现代的人经常使用的玻璃、砖瓦、水泥、钢铁、塑料等物质，无一不是利用化学知识获得的。

因为化学知识应用极其广泛，将来不管做什么工作，都需要有充分的化学知识。学好化学是青年人的重要任务之一。

算术能使人聪明。比如遇到一道看似复杂的题，不同的人有不同的对待方法。$153 × (81 ÷ 27) × (534 × 435) × (8 × 2 - 16) = ?$ 不善思考的人一看到题就慌忙算了起来，他们的想法一定是这题太繁了。但善于思考的人则仔细地将题看一遍，而且不用算就有了答案，这题的结果等于零。因为不管前面有多复杂的数字，最终它们与后面的 $(8 × 2 - 16) = 0$ 相乘时，结果必然是零。一个是费时费力劳而无功，一个是省时省力轻松解决问题。这就是善于思考和不善于思考人的区别。所以，在算每道题时，都先看一看、想一想。养成这样的习惯，再遇到任何方面的问题都会找到解决的最好办法。这就是算术的功劳。

书中以"失踪的哥哥"为题讲述了现代生命科学中的一个奇迹。张春华的哥哥张建华莫名其妙地失踪了15年。15年间父亲因失子之痛而去世。这一天已经22岁的张春华突然接到一个从派出所打来的电话，说是找到了他失踪15年的哥哥张建华。张春华将信将疑地被带到了第一冷藏厂的速冻车间，在那里他果然看到了"10岁"的哥哥被冷冻在速冻车间里。他从工程师和医生的嘴里知道了哥哥失踪的原因和"冻而不冰"的道理。原来是10岁的哥哥以为厂子里有什么好玩的东西，便躲在一个空铁箱里让传送带带到了速冻车间，他刚从铁箱里爬出来，没来得及逃出速冻车间便被冻得失去了知觉。因为速冻车间是全部自动化的，从启动那一天起就再也没人进去过。这一冻就是15年。所谓"冻而不冰"是指含有大量水分的物质在突然处于极低的温度环境时，因为冻得太快，水分子来不及聚集在一起，是物质处于冷冻的状况，但又没有结冰。张春华的哥哥即是处于冻而不冰的状况。张春华最关心的当然不是这些，他最关心的是被冷冻的哥哥能不能复活。科学家和工程师告诉他，如果张建华的大脑和心脏没有损坏的话，还有生的希望。但关键是如何使张建华整个身体迅速地恢复到正常的体温。在自然状况下渐渐升温是不可取的，因为那样必然使冻而不冰的张建华有一个结冰的过程，只要一结冰就不再有生的希望了。这就需要先进的设备来帮忙。医生找来了 5 盏热波灯，这种灯能释放出穿透性极强的热波，使人的身体里里外外的温度同时升高。在经过了精心的准备后，一个非同寻常的"手术"开始了。在热波灯的照射下，张建华的身体迅速地升到 30℃，这时医生开始对他进行人工呼吸。奇迹终于出现了，张建华的心脏逐渐由出现不规则跳动到规则跳动，最后他睁开了眼睛，吃惊地望着周围的人们。是啊，还处在 10 岁的他怎么会了解周围发生的一切呢！就此，一项生命科学的奇迹产生了。

在《科普杂拌儿》这本书中，像这样吸引人的科学故事收入了好多篇。比如，"诀别——商人安东尼奥的手记"是讲天文学家布鲁诺甘心为科学献身的故事；"黄金的悲喜剧"讲述了黄金的发现、冶炼以及围绕着黄金所发生的一幕幕人间的悲喜剧。

叶至善是中国知名的科普作家。他的科普作品文笔流畅，故事性强，有极强的可读性。这部《科普杂拌儿》以一篇篇读来令人赏心悦目的文章，使人们在充满趣味的阅读中不知不觉地增长了科学知识。这种科普文章的写作方法一定会在社会上产生广泛影响，也一定会吸引很多青少年去阅读科普作品。这就是《科普杂拌儿》的积极影响。

## 三、作者生平

叶至善，江苏人。生于 1918 年。1941 年国立中央技艺专科学校农产制造科毕业，此后任技师、教员。1945 年起进开明书店工作，从此与编辑工作结下了不解之缘，也从此开始为少年儿童写科普文章。1953 年转入中国青年出版社，任编辑室主任。1956 年任新成立的中国少年儿童出版社社长兼总编辑。此后担任过多项职务，但总以编辑工作为主。1981 年退居二线后仍坚持工作。现任中国科普作家协会理事长、中国出版工作者协会顾问、中国编辑协会顾问。中国人民政治协商会议全国委员会常务委员，中国民主促进会中央委员会名誉副主席。

在长期的编辑工作中，叶至善主持或参与了多种期刊、杂志、丛书的编辑出版工作，其中大多为面向青少年的科学普及著作，如《中学生》、《农村青年》、《我们爱科学》等杂志；《少年百科丛书》、《开明青年丛书》等丛书。在编辑工作之余，他积极参与科普著作的创作，有大量的作品问世，其中的不少作品在社会上产生广泛影响，获得多项奖励。《失踪的哥哥》（科幻小说）获全国优秀少儿读物二等奖，《梦》（科学家传记小说）获新长征科普创作一等奖及宋庆龄儿童文学银奖，《竖鸡蛋和别的故事》（科普作品集）获上海优秀科普读物一等奖及全国优秀科普创作荣誉奖。

由于对妇女儿童工作和编辑出版工作的卓越贡献，叶至善获得中国福利会颁发的妇幼事业"樟树奖"，中国出版工作者协会颁发的老编辑"伯乐奖"。

叶至善的科普文章共达二三百篇。1988 年他出版了科普文章的自选集——《竖鸡蛋和别的故事》。他关于科普创作的论说收入新出版的《我是编辑》。这部《科普杂拌儿》是他的又一部科普著作选集，1999 年 8 月由湖南教育出版社作为"中国科普佳作精选"中的一种出版。

2006 年 3 月 4 日，叶至善在北京去世，享年 88 岁。

# 布尔斯廷：《发现者》

## 一、成书背景

人类自产生以来的历史，是一部不断探索自然和自我的历史。你了解这一过程吗？《发现者》一书告诉了我们。美国著名文学派史学家丹尼尔·J. 布尔斯廷以他生动的笔触，为我们展现了人类重大的发明发现的过程，将发明家和发现者的绚丽多姿的人生历程描绘的栩栩如生。

人类自产生以来，已有五千多年的文明历史。在文明的发展过程中，人类经历着对自然和自我的不断发现的过程，产生了无数的发现者和发明家。我们今天在享受现代文明的成果时，不能忘记那些为我们创造了幸福生活的发现者。现在是对这些发现者和他们的发现进行总结的时候了。丹尼尔·J. 布尔斯廷用他那生动的文笔，带领我们进行一次"伟大而令人振奋的航行"，这是一次环绕知识地球的航行。这是"一幅绚丽的十分动人的历史全景画。任何人阅读了该书，将不再以老眼光看待人类智慧的历史。最佳的历史著作；也是布尔斯廷最优秀的著作。"

## 二、内容简介

《发现者》全称《发现者——人类探索世界和自我的历史》，纽约兰登出版公司1983年出版，中文版由大苹果股份有限公司授权，严撷芸翻译，上海译文出版社1995年出版发行，中文版共65.8万字。全书共11卷，分别是：第一卷时间；第二卷陆地与海洋；第三卷自然；第四卷社会。

# "时间"卷

## 1. 第一部分"天体之国"

首先从月亮说起。关于月亮，世界各地都有神话般的、带有浪漫色彩的传说。人类需要历法以便预测一年四季的节气，可是根据什么来确定立法呢？古巴比伦人就是根据月亮循环来制定历法，他们终于发现了以 19 年为单位的所谓默冬周期，但这种历法在日常生活的使用中太复杂了。与巴比伦人不同，古埃及人是根据太阳来确定历法的。早在公元前 424.1 年，埃及人就开始使用他们的"日历年"，或称"尼罗年"。他们将每年尼罗河泛滥季节中出现的天狼星"与太阳同升"的时候作为一年的开始，将一年确定为 365 天。这样，埃及人使用的立法就不再与月亮有关。但是，月亮对古代人类的影响很大。犹太人有他们自己的太阴历；基督教和太阴历也有密切的联系；伊斯兰教与月亮的联系更密切，它以弯月作为自己的标志，新月不但是穆斯林斋月起讫的信号，也是整个历法规律的记号。基督教的大多数宗教纪念日遵循犹太教，是与月亮的循环保持一致的。凯撒大帝时引进埃及人的年历，从此这种太阳历支配着欧洲。1582 年教皇格列高利十三世进行历法改革，每年 365 日；每四年置闰，闰年为 366 日。这就是我们今天各国通用的阳历。

人类创造了自己的历法后，还要创造自己的计时方法。现在我们都知道一个星期有 7 天，但在古代世界各地对每星期的计算多种多样，从 5 天到 10 天不等。现代的一个星期为 7 天是来源于西方。占罗马人还定一个星期为 8 天，农人 7 天干活，第 8 天进城，称为赶集日。到 3 世纪初，罗马人将一个星期改为 7 天。在这一过程中，古代占星学起了很大的作用。如果说在历法的制定中人类还完全受自然的支配的话，而星期的制定则显示了人类要按自己的意志行事的愿望，因为星期的制定是人类自行完成的，是人类为了计时方便而出现的。这表明人类在探索世界方面向科学迈进了一大步。

## 2. 第二部分"从日光计时到时钟计时"

人类的时间观念是朝着越来越精确的方向发展的。古埃及人利用阳光和

竖立的柱子（即日晷）计时的方法，利用日影的变化来测定时间。这是一种便捷的计时方法。擅长几何学的希腊人改进了日晷的设计，他们设计的风塔为八角形，每角代表一个主要方向，每一面代表一个基本方位，都装有一个日晷，这样，雅典人一眼就可以同时看到至少三面。罗马人设计了多种日晷，但它的计时功能已开始衰退。日晷计时给人类带来了方便，但它也有不足之处，它必须在阳光充足的地方使用，而且仅仅适用于阳光正在照射时的时间。

怎样从太阳计时中摆脱出来呢？怎样才能离开这种"追随影子的计时器"也能知道时间呢？那就是人类开始用水计时的时候。人类可以控制水，使它处于不断地流动中，从而达到计时的目的。与日晷计时比较，水时钟的优越性还在于不论在任何地方、也不论白天黑夜，都可以告诉人类时间。

古埃及人就是同时利用日晷计时和水时钟计时的。古希腊人除了使日晷更完善外，也用水时钟作为日常计时器，他们用"水贼"来称呼这种可以以水计时的装置。精于机械和工程的罗马人则制作出了更为精致的日晷和水时钟。为了精确计算律师在法庭上的辩护时间，他们制作出用宝石作漏水口的水时钟，目的是为了防止水孔磨损或堵塞。在他们那里，"施水"就是指给律师时间，"失水"就是指浪费时间。水时钟在世界各地的应用十分广泛，中国早在远古时期就有简单的水时钟。

还有以漏沙计时的方法。人类花费了很大心思发明用火来计算时间。

人类要真正成为时间的主人，就得把时间分为精确的单位，不仅有年、月、星期、日，而且要有小时、分钟、秒，甚至更精确。直到近代，人类才开始分为小时，之后又有秒和几分之一秒。

人类最先设计并使用新式的机械时钟的是欧洲的宗教界人士。他们为了宗教祈祷的需要而设计了闹钟，就是说最早的机械钟不是让人看的而是让人听的。我们所见到的教堂上的钟楼就是这个用途。大约在1330年，人们开始采用我们所惯用的一天24小时，并且在机械钟表上显示出来。到1500年，机械时钟上有了时、分、秒针的标志，不过这时的机械钟还大都是用钟摆驱动的。1410年，一名叫布鲁内莱斯基的意大利建筑师曾制造用发条驱动的时钟，以后这种时钟逐步完善。英国人罗伯特·胡克发明了著名的"胡克定律"：发条拉开时，其复原力与引伸力成正比。1658 年，他将利用这一定律制造出的时钟献给英王。这种使作为推动力的发条与作为调节器的平衡发条相结合的方法，为航海时钟的发明创造了条件。1761 年，约翰·哈里森制作出了他的航海时钟，使航海员可以精确地知道自己所处的经度。这种时钟发明后，陆地上可以携带的小巧的时钟很快出现，它不单单是使人将白天的小时和黑夜的小时结合起来，主要是导致人类在时间观念上的巨大变化。

3. 第三部分"传教士的钟"

中国人早在 11 世纪时即已制造出自己的钟表机械，它就是由宋代天文学家苏颂（1020—1101 年）等人设计制造的水运仪象台。台分三层，下层设木阁，木阁又分五层，每层有门，每到一定时刻，门中有木人出来报时。这种精妙的机械是专门献给皇帝的，没能成为民间的计时工具。随着皇位的更替，它也成了宫中的无用之物。

当 1591 年意大利耶稣会传教士利玛窦将带来的两座精美的钟表——一座由摆推动的大钟和一座由发条推动的小钟——献给中国皇帝时，皇帝惊喜万分。但在此之后，当时钟在西方已成为日常生活用品时，它在中国却仍然是一种玩具。欧洲人了解到装有发条的玩具在中国走俏时，他们便生产各种发条玩具倾销到中国。

时钟的发明制造意义重大，"正因为时钟开始制造时，它并不是为了达到一个单独目的而制造的实用工具，所以它必然要成为机器之母。时钟在各种知识、智慧和技术之间打破了无形的障碍，而时钟制造者在制造机件时也首先应用了机械学和物理学原理。"欧洲人在时钟制造上的先进技术预示着他们在现代科技中的领先地位。像螺丝、齿轮、车床等在时钟制造中早已应用，而它们都是机械制造中必不可少的东西。时钟的制造还促进了分工，激发人们跨越了宗教、语言和政治的界限。

中世纪后期欧洲的各种纷争使那些相对安静的地方成为制造业的中心。独立的日内瓦迅速成为世界制钟中心，许多的手工业艺人为逃避宗教迫害逃往英国，使那里成了手工艺人的避难所，也成了钟表制造业的中心。

时钟进入了平常人的日常生活，越来越多的人需要时钟来安排自己的日程。当机器时代到来的时候，时钟上的钟点成了每个人的生活规则，"时钟在西方兴起的历史就是新的生活方式和扩展公众生活舞台的历史"。

在中国，机器之母——时钟的发展速度极其缓慢。这是因为在中国，时钟技术即是指示天象的技术，而天象、历法又是被统治者垄断的，是他们统治的标志。就像苏颂的水运仪象台一样，它只停留在宫中。而在西方，由于民众的需要而导致了时钟的普及。

## "陆地与海洋"卷

### 1. 第一部分"想象中的地理"

"早在人类想征服山岭之前，山岭已征服人类。"在人类的早期和古代时期，山岭是"神之堡垒"。住在山下的人们，对高山顶礼膜拜。印度教徒和后来的佛教徒都将喜马拉雅山看做是众神居住的地方。日本人将富士山视为掌管全国风景的女神。希腊人有奥林匹斯山，这是众神隐居的地方。在没有天然高山的地方人们便建造高山，如古代美索不达米亚的塔庙、墨西哥中部托尔特克人的太阳神金字塔等。人类匍匐在这些自然的和人造的"高山"脚下，怀着敬畏的心情对其顶礼膜拜，正可谓是"望而生畏的群山"。

对天堂和地狱的描绘显示出古代人类的一种"想象中的地理"。神秘的天体被人类赋予了过多的想象。月亮与死亡有着密切的联系，希腊的远古时代月亮女神被认为是灵魂的召唤者；古叙利亚人在月光最皎洁之夜祭祀，以使亡灵超生；印度教的经文说离开尘世的人都前往月亮。在发现地球或其他天体的引力作用之前，太阳一直被认为是其他天体的中心，是新生灵魂的源泉。人总有一死，死后进入阴曹地府。人类将阴曹地府的生活描绘成人世生活的延续，无论是在东方或西方都有许多描绘阴曹地府生活的作品。把天堂和地狱描绘的最能引人入胜的是意大利最伟大的诗人但丁，他在《神曲》中对幻游冥府的描绘重温了古代人类的想象。

人类对生生不息居住的地球的描绘更是多种多样。古埃及人将地球看做由月亮这个大白鸟守护的大卵。这种地球为卵蛋型的观念在希腊人、波斯人中都曾有过。还有地球是方形的说法。约在公元前五世纪时，希腊学者即认为大地是圆球体。"球体可以用那么多的方法对称地，甚至是美妙地划分。"地圆说对人类美学想象力的发挥提供了无限的机会。为了探索地球的划分，无数的学者付出了他们的努力。这其中，托勒密的地球体系学说最为出色。"托勒密始终是知识的源泉，是典范，也是世界地理学的权威，不仅哥伦布认为如此，阿拉伯人和其他信仰古典学术的人都认为如此。假如在托勒密逝世千年之后，航海家和他们的皇家赞助人能够大胆放手地继续完成托勒密的未竟事业，那么旧世界和新世界的历史都可能会大不相同。"当然，我们要看到托勒密学说中的不少谬误。一个有趣的插曲是，正是托勒密对地球圆周的错误计算（他大大缩小了欧洲西端和亚洲东端的地理范围），才使那些航海家们不至于望而生畏，激励着哥伦布等人进行那样的地理探险的。

在托勒密以后的一千多年间，人类之所以在对地球的认识上没有明显的进步，其主要原因之一是由于受基督教教义的束缚。中世纪时基督教统治了欧洲，出于统治的需要，教会绘制了以耶路撒冷为中心的轮盘状地图，地图本身成了教义和信条，不能怀疑更不能修改。科斯马斯的《基督世界地形》风行了几个世纪，他描绘的大地是一只巨大无比的矩形盒子，突起的盖子就是弧形的苍穹。人们对地球的认识被凝固在教会的这种说法之上。

2. 第二部分"通往东方之路"和"世界倍加宽广"

基督教的宗教信仰将基督徒困在教条主义的地理学中，但也是这种信仰使朝圣者和十字军踏上了发现东方之路。基督徒将耶路撒冷作为圣地，无数的朝圣者涌向东方，到耶路撒冷圣地朝拜。伊斯兰教兴起后，耶路撒冷也成为穆斯林的圣地。于是引发了对圣城耶路撒冷的争夺战。1088年，乌尔班二世成为教皇后，运用他的组织能力和杰出的辩才鼓动教徒："耶路撒冷渴望获得自由，它一直在请求各位伸出援助之手。"于是，分散的朝圣者成了有组织的十字军，这就是历史上的十字军东征。十字军东征的真正意义在于它促进了东西方物质文化的交流，十字军东征的失败是欧洲人发现东方世界的催化剂。伊斯兰教和佛教也有它们的圣地，教徒们在朝圣的征程中走过了许多前人未曾走过的道路。

尽管欧洲人沉浸于狭隘的基督教地理观念，但他们对来自东方的一切都感兴趣，尤其是东方制造的丝绸、瓷器，出产的香料，令欧洲人赞叹不已。但欧洲人无法直接从东方获得这些东西，他们要通过意大利商人在地中海东岸买来。1250—1350 年的一个世纪里，蒙古这个大帝国的建立为欧洲人直接接触亚洲提供了机会。蒙古人实行低关税、保护道路安全和自由通行的政策大大便利了东西方的接触。

马可·波罗（1254—1324 年）在东西方交流史上有重要地位。他的父亲和叔父都是商人旅行家，他们曾到过中国，见到过忽必烈皇帝。1271 年，17岁的马可·波罗随父亲和叔父踏上东行中国之路。经过三年半的艰难旅行，他们终于到达了忽必烈大汗的宫廷。马可·波罗在中国元朝任职 17 年，他精力充沛，精通数种语言，写了许多旅游报告献给皇帝，向皇帝介绍了各地的山川景色、风土人情。1295 年马可·波罗返回意大利的威尼斯。1298 年，马可·波罗在热那亚与威尼斯的战争中被俘，正好与一位擅长写传奇小说的作家鲁思梯谦关在一起。作家被马可·波罗的传奇经历迷住了，根据他的经历写下了著名的《马可·波罗游记》。中世纪里类似于这本游记的作品还很多，它们从多个方面向欧洲介绍了亚洲大陆的情况。

蒙古帝国的统一打开了欧洲和印度、中国的陆上交通通道，同样，蒙古帝国的分崩离析也必然使这一通道关闭，到 14 世纪末 15 世纪初，这条道路基本被关闭了。谁也未曾想到，陆路的关闭竟大大刺激了欧洲人的航海热情，他们将发现四通八达的海路。此前，一些与教会说法不同的地理学说开始流行。1357 年的《加泰隆地图集》是其中之一，"原先在所有基督教世纪流行的地图上充满的传奇般的资料在这本地图集中大多已不见"。另外，托勒密的实验精神出现了再觉醒。托勒密承认，在他的地图上绘出的已知世界范围以外，可能还有未知的陆地。"人类将运用其经验来勘察整个地球，区分已知世界和未知世界，标明新发现的地方，以便日后重来。对托勒密学说的再发现是标志着欧洲文艺复兴运动中重振学术之风的重大事件，也是进入现代世界的序幕。"

要追溯对现代世界的发现有重大影响的航海先驱，应首推葡萄牙人。

1394 年出生于葡萄牙王室的亨利是一个善于独立探索的人。他 19 岁时奉父王之命策划一次征服穆斯林据点的远征，他成功地占领了位于北非名叫休达的城市。在休达城，他被无数的财宝和来自远方的香料、地毯等物品所吸引，引发了他对这些物品来历的极大兴趣。此后，亨利王子住在葡萄牙南端的萨格里什，发动、组织、指挥了对非洲大陆的探险活动，这是第一次近代探险事业，为未来的大航海奠定了基础。

亨利王子的探险是围绕着非洲西海岸进行的，这导致了葡萄牙与西非贸易的兴盛。1460 年亨利王子去世时，对未知世界的探险已成为有组织的活动。国王若奥二世继续了亨利的探险事业，他命迪亚士指挥船队沿非洲西海岸南下，他们穿过了好望角，证实了非洲可由海路绕航。他的航行引起了哥伦布的极大关注，因为他当时正在争取国王支持他横穿大西洋到达印度的计划。迪亚士的发现使哥伦布的计划不能得到葡萄牙国王的支持。不过葡萄牙因政治纷争而停止了继续探险，直到 1497 年，受国王派遣的达·伽马的船队才继续探险，他不负众望，开通了绕道好望角到达印度的新航线。这一航线的开辟使葡萄牙大获其利，同时也使世界受到影响，欧洲的商业集散地和文化中心由地中海转向了大西洋沿岸。

阿拉伯人和中国人都曾具备远洋航海的能力，也出现了不少像伊本·马吉德、郑和等赫赫有名的航海家。但由于阿拉伯人受到一系列其他社会经济状况的限制，中国在重要时刻演变成了"一个无所求的帝国"，使它们都没有成为未知领域的发现者。

3. 第三部分"美洲的意外发现"和"海路通向四面八方"

早在 8 世纪末，北欧海盗就开始了大规模的航海冒险活动。他们的航海冒险时代一直持续到 11 世纪末。从君士坦丁大帝时代到十字军时代，斯堪的纳维亚人是欧洲向南、向东以及向西发展的主要力量。西航的北欧海盗发现了冰岛、格陵兰，而且他们在偶然中发现了美洲并在那里定居。布亚尔尼·黑尔尤尔弗讼在 986 年为寻找他的父亲偶尔到达了美洲。1001 年莱弗·埃里克松又在偶然中到达了北美，他们称到达的地方为"酒地"或"文兰"，那里生产葡萄。北欧海盗也许是第一批从欧洲来到美洲的人，但并不是说他们

"发现"了美洲。因为他们的到来没有改变自己或其他任何人的世界观，在文兰汇合的两种文化并没有什么区别。他们的航行没有任何现代形式的航海手段和工具，只是靠着经验和偶然。

人类早就发现了风的方向规律，这成为他们航海中确认方向的重要依据。约在公元一千年，中国人把他们发明的指南针用于航海，这种可以辨认方向的磁罗盘经陆路传入西方，后由欧洲的水手把它改成了指向北方的"指北针"。"如果没有对地中海航行使用指南针那种特有的激发，哥伦布也许永远也不会得到一种他所需要的仪器，使他往返'印度群岛'"。

哥伦布（1451—1506 年）是生于热那亚的意大利航海家，他目睹了亨利王子的航海探险为葡萄牙带来的丰厚收入。他确信有一条通往香料之地的更短路线，那就是横跨大西洋。1484 年，他就横跨大西洋到达"印度群岛的冒险实业"向葡萄牙若奥国王请求援助，遭到拒绝。在此后的七年时间里，他向西欧各国宫廷宣传自己的印度群岛探险事业，都没有得到支持。1488 年他再次到达葡萄牙，正赶上迪亚士归来，葡萄牙王室再次拒绝了他的要求。直到 1492 年，他才说服了西班牙国王，支持他到印度群岛的探险。

41 岁的哥伦布有丰富的航海经验，他非常懂得怎样利用风向航行；他有丰富的人生阅历，知道怎样利用"软"语劝慰那些反对继续航行的船员；他又十分幸运，航行中遇到了极好的天气。就是在这样的环境下，哥伦布在寻找印度群岛的过程中意外地发现了美洲。1492 年 10 月 12 日，他的船队登上了巴哈马群岛的华特林岛。惊喜万分的哥伦布以为自己到达了印度群岛。他以后又连来了四次美洲，寻找他所要的黄金和香料。至死他都认为他所到达的就是印度群岛。可哥伦布怎么也没有想到，他梦寐以求想要到达印度群岛，却在无意中发现了一块新大陆。哥伦布更没有想到，他因为发现这块新大陆，比他到达印度群岛更使他名留史册。

新发现地是以航海家亚美利哥·维斯普奇的名字命名的。这没有什么奇怪的。在哥伦布发现这块新大陆后，亚美利哥·维斯普奇在商业和地理兴趣的驱使下航行美洲，他沿南美东海岸向西南行使，直到离火地岛南端以北仅约 400 英里。1503 年他出版了游记，以文雅的语言记录了土著的面貌、体型、婚俗、宗教等，证明当地并非印度，而是一块新发现的土地。以后这块新大陆便被命名为"阿美利加"。

绕道美洲找到印度的荣誉属于麦哲伦，虽然他没有福气享受这一荣誉。这位葡萄牙人在西班牙国王的支持下于 1519 年 9 月 20 日启程，他穿过大西洋，绕过南美与火地岛之间波涛汹涌的海峡（后被命名为麦哲伦海峡），穿越太平洋。在马上到达希望之地时，麦哲伦在与菲律宾当地人的冲突中丧生。他的船队中的一只船进入印度洋，绕好望角回到了西班牙。

西班牙和葡萄牙对他们的航海发现都实行了保密政策，目的是要维持对新发现地区的商业垄断。但发现是隐瞒不住的，到 17 世纪，印有包括美洲在内的地图已经流行了。

## "自然"卷

1. 第一部分"看到肉眼不能看见的东西"

古代的亚里士多德、托勒密主张地球中心说，认为地球是宇宙的中心。他们的这种观念统治到 16 世纪，尼古拉·哥白尼这个业余天文学家才将其否定，他确定地球是围绕太阳而运转的。丹麦天文学家第谷·布拉赫的天文观测对天文学贡献极大。他发现了黄赤交角的变化、月球运行的二均差、仙后座一颗新星，还测定了岁差。他进行了大量的天体方位测量。但他认为地球是静止不动的。按他的天体体系，旧的托勒密的地心说不当，可新的哥白尼的日心说的证据也不足。第谷·布拉赫临终时将他的大量的观察记录传给了年轻的约翰'刻卜勒。刻卜勒在哥白尼和第谷·布拉赫的基础上，终于发现了行星运动三定律。这使他成为科学的先驱，开创了现代物理学。

虽然加利莱奥·伽利略不是望远镜的制造者，可他却在 1609 年底第一个制造出了能放大 30 倍的望远镜。这为他的天文观测创造了条件。当伽利略第一次将望远镜转向太空时，他的发现使他大为吃惊。之后，他的发现使他获得了巨大的成功，但他也意识到成功后面的危险。他的每一个简单的发现都大大地震撼亚里士多德和托勒密的宇宙观，他发现了无数的恒星，看到月亮的形状并不比地球完美……他发现了木星的四个卫星、太阳黑子，金星、木星的盈亏现象等，这些都有力地证明了哥白尼的地动说。他因此受到罗马教廷圣职部的判罪管制，被关在一间被隔离的房子里。

当伽利略已是一个年过六旬的老人时，罗伯特·胡克和安东尼·范·列文虎克出生了。他们在显微镜的世界中成为现代事物的预言家。胡克发现了细胞，证实了在显微镜下所看到的苍蝇的眼睛、羽毛的结构等。列文虎克发现了细菌世界、原生物，证明了精子对胚胎发育的重要性。

2. 第二部分"人体内部"

没有人体的解剖不可能了解人体内部的秘密，但人体的解剖只是到了1300 年才开始。漫长的中世纪，医生们的人体知识来源于古罗马的医师盖仑（130—200 年）。盖仑没有解剖过人体，但他详述了人体的每一肢体和器官，并说明了它是如何设计出来为特有的目的服务的。列奥那多·达·芬奇是解剖学家的先驱，他主张应系统地、反复地进行解剖。安德烈·维萨里是近代解剖学的奠基人，他首次采用尸体解剖的方法讲授解剖学，纠正了盖仑解剖学中许多关于人体结构的错误记载。维廉·哈维根据实验研究，证明了动物体内的血液循环，阐明了心脏在此过程中的作用。他还测定了心脏每搏输出量。他的发现直接打击了盖仑关于人类心脏的特殊理论。

通往现代医学的道路是由一位名叫帕拉塞尔苏斯（1493—1541 年）的神秘人物打开的。他不尊重传统的医典，宣称他讲的医学课程以他治疗病人的经验为基础。对疾病的传统普遍观念认为它是由体液失衡所致，而帕拉塞尔苏斯认为是由于体外的特殊原因所致；医学和植物学已连为一体，但帕拉塞尔苏斯预言这两门科学必将分离。帕拉塞尔苏斯坚持病因的统一性和疾病的特殊性，这为现代医学指点了方向。

圣托里奥知道大气湿度对治病有用，于是他发明了湿度表。他信奉盖仑的理论，致力于利用测量，想以此证明盖仑的理论。但他的证明越成功，盖仑的理论越遭到否定。圣托里奥将盖仑的体液转为数量，用量来解释和探索生命的过程。

马尔切洛·马尔比基是显微解剖的创始人。他发现了毛细血管，揭示了肺脏的结构和作用，为人们了解呼吸过程打开了道路。

3. 第三部分"科学走向普及"

科学家的交流与科学的发展需要科学政治家。法国的马兰·梅森、英国的亨利·奥尔登堡是这样的人，他们在这方面都作出了突出的贡献。科学还需要统一的衡量标准。斯蒂文、杰斐逊等人则在这方面作出了贡献。在一切准备就绪之后，"发展科学的力量汇集在牛顿身上"。牛顿对科学的贡献相当广泛，尤其是在数学和物理学上。"牛顿以数学掌握世界，到处受到崇拜。"但牛顿并不是没有缺点，他热衷于优先权，到他的晚年"竟是一部和下属恶言争吵以及对有可能和他平起平坐的人进行阴谋报复的历史"。不过这丝毫不贬低他在科学上的成就，况且诸如在优先权方面的竞争也是可以理解的。

4. 第四部分"将万物分类编目"

在发现的时代，无数的新鲜事物涌入欧洲人的思想意识，如何排列这些事物成了问题。约翰·雷发明了"物种"一词，从而使他的继承者有可能对万物构思出一套分类的体系。他对博物学者的贡献，不亚于牛顿的引力和动量概念对物理学者的贡献。林奈继承了雷的任务，他的自然系统比以前更加全面。他大胆地将得自动物世界的概念推广到整个有生命的世界。布丰则"将整个地球及其动植物推上历史的舞台，从而开创了近代生物学的远景"。

查理·达尔文是英国博物学家，他提出以自然选择为基础的进化学说，不仅说明了物种是可变的，对生物适应性也作了正确的解说，从而摧毁了神创论、目的论和物种不变论。

# "社会"卷

1. 第一部分"扩展知识领域"

在印本书籍出现之前，人类知识的传播主要靠记忆，因此在古代有关于"记忆"的学问，出现了记忆技术及其发明者，也有不少以记忆好著称的学问家。在漫长的时代里，教会和大学是知识的集中地，知识是由拉丁文维系起来的。修道院都有图书馆，抄写员是令人羡慕和尊重的工作。在印本书籍出现之后，对记忆的需求大大缩小，关于记忆的学问也转向了它的病态研究，如失语症、遗忘症等。抄写员逐渐成了没有意义的名词。

印刷术早已有之。中国的雕版印刷早在唐代即开始发展。中国的活字印刷也早在欧洲人之前即已出现。但是由于种种原因，它没有起到像它在欧洲那么大的作用。约翰·谷登堡（1394—1468 年）发明了把各个字母的金属印版多次使用的新方法，从而使印刷术在欧洲发生了革命性的变革，同时在欧洲产生了巨大影响。此后，文化不再是少数人的专利，语言也民族化了。书籍在人们日常生活中日益普遍，在有识之士的努力下，它的装帧日益附和平常人的口味，那种中世纪图书馆中用链条锁住图书的现象成为过去。路易·布拉耶还发明了手指触摸阅读的方法，解决了盲人阅读的问题。

随着知识的普及和印刷术的传播，一些伟大的作品走向世界。这其中离不开翻译家的工作和辞典的作用。出现了一些著名人物编写的著名的辞典。

2. 第二部分"揭示过去"

由于文化传统的不同，历史的写作在不同地区出现不同现象。中国人有著述历史的传统，最值得称道的是汉朝司马迁著的《史记》。欧洲人的历史观念与中国的历史观念有根本的不同，希腊人创造了他们伟大的历史观念，他们的历史是"探索"或"因探索而得知"的意思。希罗多德和修底昔斯是现代历史学家的教父。

中世纪基督教的历史在历史著作中占了优势，基督教的历史学家也用历史著作演绎了基督教的历史，如奥古斯丁等人。"基督教徒对历史的看法，是把古代文献包在讽喻的暮霭之中，又把近代的活动家包在神圣的光环之中。历史成了正统教义的脚注。"基督教的"历史"确认了教会和政府的地位，重新描绘历史，将受到重重阻挡。尽管这样，还是出现了一大批像比特拉克、洛伦佐·瓦拉这样的勇敢者。此后，近代历史学发展起来。

考古学家热衷于以古代文物揭示古代历史。在文艺复兴时期，一批有才学的人致力于研究古物。而约翰·约阿希姆·温克尔曼才是近代考古学的最早提倡者和奠基者，他还不断地扩大了考古学的社会意义。歌德激动地称赞他的一系列发现，说"温克尔曼就像哥伦布"。海因里希·谢里曼将进取精神和活动热情注入考古事业，他的考古发现结合着他的浪漫的爱情故事使他名扬于世。

19世纪中叶，"史前史"一词进入欧洲人的词汇。通过古物发现的史前史大大扩展了人类历史的范围。丹麦商人克里斯蒂安·于恩森·汤姆森饶有兴趣的业余爱好使他在史前史的发现中起了主要作用，而约翰卢伯克则由于使史前史适应进化论而闻名于欧洲。

历史还由它的隐藏的功用，使人们可以从中找到解决现实问题的办法。在发现历史可以作为治病的良方方面，出现了詹巴蒂斯塔·维科、卡尔·马克思、西格蒙德·弗洛伊德等几位发现者。

3. 第三部分"考察现在"

美洲的发现和不断扩展的殖民地，使西方人考虑人类的平等问题。印第安人不是怪物，而是人。这是哥伦布发现美洲后的定论。当时的欧洲人还没有把人类等级同肤色相联系，但印第安人在他们心目中没有平等的地位。拉斯·卡萨斯（1474—1566年）是一位为印第安人的平等权利和正义而进行英勇斗争的伟大战士。在他之后的几个世纪里，欧洲人关于人类是否有平等权利的争论，由神学转移到了生物学，产生了"人类学"这一现代科学学科。每一个社会都成为人类学问题的实验室。刘易斯·亨利·摩尔根（1818—1881年）直接研究印第安人，他获得了易洛魁人的信任，在他们的部落生活，获得大量第一手资料，对人类学研究做出突出贡献，开创了一门新的人类科学。而爱德华·伯内特·泰勒（1832—1917年）则消除了"文化"一词原有的沙文主义和狭隘地方主义的含义，使"文化"成为新的社会科学研究的集中点，创立了文化人类学。

17世纪英国和法国逐渐形成了"国民经济"的概念。东印度公司董事托马斯·曼重视贸易问题，他是重商主义的古典经济学说的阐述者。而亚当'斯密则以他对社会经济问题的卓越分析，成为近代经济科学的真正发现者。大卫'李嘉图和约翰·斯图尔特·穆勒是这一古典经济学说的揭示者和阐述者。20世纪经济学发生革命性变革，约翰·梅纳德·凯恩斯是引起这场革命的主要人物。

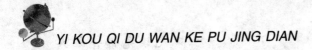

现代人口统计学和统计学的首倡者是约翰·格朗特，此后人口普查和统计科学同时发展，这为社会科学、国民经济和国际关系在近代词汇方面提供了方便，阿道夫·凯尔特在此基础上创立了统计科学。

在对人类和人类赖以生存的地球的认识上，产生了许许多多的科学人物，他们以一系列的发明发现不断地充实着人类知识的宝库。

这不是一部一般的人类文明的历史著作，而是一部关于人类发现的历史，从这个意义上说，它是一部科学的历史著作。这部书清楚地勾勒了人类发现的过程，给了每一位发现者以应有的评价。这是我们当代人早应做的工作。同时，它的出版，适应了人们对发现史的迫切需要，人们需要这样的著作，欢迎这样的著作。正因如此，该书很快被译成了多种文字出版，在世界上广受欢迎。该书叙述历史的引人入胜的方式，也对历史学家们的写作不无启示。

## 三、作者生平

丹尼尔．J．布尔斯廷，美国著名的文学派史学家。1914 年生。曾任首都华盛顿史密森博物馆所属国家历史和技术博物馆馆长，美国国会图书馆馆长。早年曾获罗得斯（一译罗兹）奖学金，在英国牛津大学研究美国历史。被世界多所著名大学聘任，是意大利罗马大学、日本京都大学的客座教授，英国剑桥大学三一学院研究员，并被该校授予文学博士学位。布尔斯廷著作很多。其中包括三卷本的巨著《美国人》，姊妹篇《发现者》和《创造者》。2004年，他因肺炎在华盛顿去世，享年 89 岁。

# 阿贝尔等:《科学与怪异》

## 一、成书背景

近几十年来,各种离奇的、荒诞的迷信在社会中流传广泛,它宣扬各种超人现象,如千里眼、先知先觉、心灵感应、心灵预测、轮回转世、幽灵显圣等。这些传说或以口头或以印刷品的方式传播,有的甚至以公开出版物的方式在社会上流行。这些所谓"超自然现象"传说危害极大,它在社会上的流行造成了极大的思想混乱,使人们逐渐相信先验的东西,而逐渐疏远了劳动、勤奋、刻苦学习的精神,这种状况长期延续造成了惰性的流行,危害社会的健康发展;更令人不安的是,它混淆了科学与迷信的界限,使人们在科学与迷信的选择中无所适从,这对人类科学事业的发展自然是很大的打击。

面对这种情况,科学家的态度如何呢?有相当部分站得高、看得远的科学家对此种状况忧心忡忡,他们认为自己有责任运用科学的方法去研究超自然现象,从而使群众从迷信中解放出来。尽管这种研究超越了很多科学家的研究范围,但他们出于义不容辞的责任感承担了这一任务。

在美国,早有许多学者对超自然现象进行了科学研究。1976 年,概述的作者之一保罗·库尔茨就协助建立了"超自然见解科学调查委员会",对各种超出科学可知性范围的见解进行研究和评价。科学家们采取了对那些传说不是简单地否定,而是进行仔细研究的正确态度,对那些明显没有理论根据、没有严格的检验方法和没有雄辩事实的传说做出否定的判断。

乔治.O.阿贝尔和巴厘·辛格组织了一批学者在加利福尼亚大学进行了一系列报告,内容均为不同的超自然现象,这些内容便是本书的主要内容。

本书中文版出版于 1989 年,它的出版背景类似于英文版的出版。该书

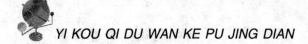

"代序"部分的作者李元指出，"近几十年来，世界上出版了许多奇谈怪论的书，它们披着科学的外衣，实际上是在宣传神灵、迷信与伪科学……再加上以此为依据而摄制的电视和电影的广泛放映，是在世谬种流传，影响甚广。"面对伪科学的宣传攻势，科学界和科普界理应挺身而出。中国科普研究所组译这本书就是科学界和科普界的一大行动。

近几十年来，在世界上流行着许许多多奇谈怪论，像神秘的百慕大三角、天外来客等。如何理解这些现象，它们到底是科学还是迷信，美国的一批著名学者集体写作了《科学与怪异》一书，在这本书中我们可以从科学的角度了解事实的真相。

## 二、内容简介

《科学与怪异》一书英文版于 1981 年在美国纽约出版，中文版由中国科普研究所组译，1989 年由上海科学技术出版社出版，全书共 25.6 万字。全书除代序、前言和引言外，正文共分 20 个部分，分别是：1. 信，还是不信；2. 怪物；3. 植物的敏感性和感觉；4. 心灵学与量子力学；5. 占星术；6. 月疯症；7. 生物节律；8. 科学家与心灵研究；9. 论双重标准；10. 微妙的差别；11. 死后有灵；12. 巫术疗法；13. 基尔里安摄影术；14. 科学与超常现象；15.《碰撞中的世界》析；16. 重新认识过去——威灵的金字塔、沉默的陆地和古代太空人；17. 百慕大三角；18. 不明飞行物；19. 宇宙中的智慧生命；20. 正确地认识奇异事物的起因。

这些年中世界各地关于尼斯湖水怪的传说沸沸扬扬。尼斯湖位于苏格兰人迹罕至的高原，它是欧洲最大的淡水湖之一，最大的特点是特别深，大部分水域深达 700 英尺。尼斯湖水怪的传说大致产生于 1933 年，那年 5 月 3 日的《无袖斗篷信使报》登了一位商人和他的妻子目睹湖中怪物的情景。自此之后，关于尼斯湖水怪的传说越来越多。

在世界上，类似于尼斯湖水怪的各种怪物的传说很多。如澳大利亚被命名为比尼普的大怪物，新几内亚的恐龙，美国伊利诺伊州的巨大袋鼠，西弗吉尼亚州会飞的蛾人等。

这些关于各种怪物传说的共同之点是，几乎每一传说都是模棱两可的、不肯定的，其中存在着许许多多的疑点。事实上，自 20 世纪初发现名为霍加披的一种类似长颈鹿的动物之后，人们在使用现代科技手段对陆地和海洋的探索中，从来没有找到过人们传说中的怪物。看来，虽然不能完全肯定这些关于怪物传说的虚假性，但人类的继续探索是不会间断的，也许在未来的某一天人们真的能够证实有传说中的怪物，但起码到现在还没有证实。

1973 年，一本名为《植物秘闻》的书在美国出版。这本书说植物具有许多只有人类和某些高等动物才有的精神方面的属性，包括对人的思维和情绪做出反应的能力，对远方发生的损伤性事件做出反应的能力等。总之，对植物的属性描绘的神乎其神。这本书流传甚广，甚至引起人们对职业科学家的责难，说他们对植物界的这些所谓"事实"从来不矛考虑。事实上，这本书的作者虽然是老练的科普作家，但他们也会出错，他们所依据的是"不加控制的实验、凌乱的观察和出处不明的报道"。书中最主要的内容之一是根据一位测谎器专家对植物进行的电生理学实验。但这个实验从来没有在公众面前成功地完成，连这位测谎器专家也不肯在公众面前示范这一实验。由此可知，该书的基本依据是不可信的，其结论的可信度更是可想而知。"在植物王国中，找不到任何一种复杂程度能与昆虫甚至蠕虫神经系统相近的解剖结构，更谈不上同能够应付各种错综复杂事物的高级灵长类动物大脑皮层相比了。"再说，书中的结论经不住两条基本的科学原理的考验，一是数据收集的可重复性，二是要独立验证。

当今世界上，有一些科学家也成了唯灵论的支持者。他们宣扬心灵说，研究所谓的通灵人，但是，他们的研究缺少了作为严肃的科学研究必不可少的标准化程式、仪器设备、概念、数据分析等，就是说，这种研究是极其不可靠的。每一个进行这种研究的人都将在真正的科学面前名誉扫地。

大多数的心灵学家都认为，任何人都或多或少地具有某种超凡的本领，这是因为有一种单一的力在起作用，即是一种心灵能力。尽管心灵学家煞费苦心地寻找这种力和运载这种力的工具，但他们的每一种说法都缺乏根据。现代物理学承认的四种力：重力、电磁力、弱相互作用力与强相互作用核力。心灵学家所说的力不属于这四种力中的任何一种。一些心灵学家认为量子力学也许能够解释心灵能力，这种说法一度十分流行，可这种说法的主张者只是停留在理论上，从来也没有就此作过使人信服并可以重复的实验，这说明这种说法也是不能令人信服的。现在，世界上绝大多数的实验心理学家不相信心灵能力（即所谓超感官知觉与意念致动）。

根据调查，在美国和西欧这些发达国家，有大约 1/3 的人相信占星术，其中不少是有很高文化水平的人。这种现象引起科学家的极大忧虑，他们思考，为什么连一些高知识的人也相信这种与现代科学背道而驰的东西呢？最主要的原因在于，一些现代的占星术士们将占星术装扮得越来越像一门科学，从而迷惑了大众，使人们落入了占星术士们的圈套。

占星术是古巴比伦与古希腊多神教的产物。在古代，连那些大学者也都相信占星术。今天，我们知道太阳不过是一颗极其普通的恒星，月亮则是地球的卫星。但古人不这样认为，他们将太阳也看做行星，太阳、月亮、行星不断地在恒星间变化着自己的相对位置，他们被称为"游星"。在长期的观察中，古人还是发现了一些游星的运动规律。古代神话中的神明与人一样有喜、怒、哀、乐等感情，每颗游星都代表某个神明，它们是某种感情力量的中心。"既然游星就是神明或至少与神明有关，那么只要知道了游星的运行规律，不就能搞清神明的意愿，了解它们对人生的影响了吗？"因此，人们相信，每人的命运是由他出生时各个游星在天上的位置决定的，于是产生了生辰星相术，这是古希腊人发明的。生辰星相术的核心内容是一张生辰星占图，画着一个人出生时从当地看来各游星在天上的方位。占星术士们以复杂的推断来"预测"每个人的人生命运。但也并不是所有的占星术士都认为人生完全受游星状态的限定，现代的一些占星术认为星辰只是促成条件而不是决定因素。

在中世纪的黑暗时代，占星术的影响有所衰退。自开普勒发现了天文学三定律后，科学逐渐与占星术分离。牛顿时代以后，科学完全离开了占星术。但为什么占星术至今仍有如此之大的影响呢？重要的原因之一是科学的日益专门化，使科学家的知识领域变得越来越狭窄，很难辨清占星术的非科学性。科学家如此，一般人就更容易受骗上当了。

月亮对海潮和其他自然现象有很大的影响，但月亮对人的影响还有待进一步的证明。现在有人将满月与人口出生率、妇女的月经周期、暴力行为、风流韵事、癫痫发作等联系起来。其实这根本不是事实。

人体确实存在着生物节律，这方面的证据很多。但现在流传的人类生物周期理论则是不科学的，如根据一个人的出生日期来预测这个人的生物节律，这种做法没有任何科学依据。

人死后是一种什么状态？与活着有什么差别？在人死前的最后一刻和死后的一刻，人体的所有各种分子、蛋白质、核酸一一俱在。那么是什么构成生死差别呢？原来，"活的组织不仅由复杂的分子构成，而且还是由排列复杂的分子所构成。如果这种排列开始趋于混乱，人就生病了；如果这种排列完全混乱，人就死亡。这时分子虽然一一俱在，但生命却终结了。"所以，所有的关于死后有灵、天堂地狱等说法都是子虚乌有，人死后就没有了思想，对死人来说一切都不存在了。

巫术治疗法自己说是用心理学方法进行的治疗实践。巫医们对病人进行"治疗"时的行动各式各样，或是祈祷，或是狂呼乱叫，连同巫医们的"手术"，这些都是骗人的把戏。比如巫医们在"手术"中广泛使用障眼法。巫医治病也并非一无是处，如在治疗心理一器质性疾病时，巫医们懂得自律神经系统能够通过暗示加以操纵。当巫医呼唤"神力"治愈患者的疾病时，他们靠暗示影响了病人功能失调的自律神经系统，使由于系统紊乱而引起的疾病痊愈。

利用心理学来减轻或治愈疾病是正确的治疗方法之一。巫医可能利用暗示的方法减轻了病人的痛苦，但真正的疾病并没有得到治疗。如果相信了巫医，就会有耽误真正治疗的危险。

这些年关于百慕大三角神秘失踪事件的传说不计其数。根据这些传说可以得出的结论足以推翻所谓神秘之说。所有的失踪事件没有任何联系；没有证据表明在这里失踪的飞机和船只高于别的海洋地带；大多数失踪事件是"追溯以往的奥秘"，是为了补充有关百慕大三角的传说等。这些传说广泛流传是因为某些作家和电影制片人的炒作，他们利用一些粗心的研究、错觉、错误的推理等，将这些传说说成是证据确凿的，是永远正确的。其实，"百慕大三角是超科学、伪科学、科学幻想和宣传上胡作非为的最典型的例证"。我们应该从中吸取的教训是："我们必须极其谨慎地对待我们读到或看到的事情。'言论自由'的意思，一方面是作者们具有宪法规定的权利，可向他们的读者谈论任何他想要谈论的事情，而不论这些事情的真伪；但另一方面，别人也应有权指出这些在真理和逻辑面前站不住脚的错误。"

很久以前，世界各地就不断有关于不明飞行物的传说和报道。这引起了人们的广泛兴趣。是啊，喜欢想象的人类是多么希望浩瀚的宇宙中还有自己的"人类兄弟"啊！"毕竟，在我们的银河系里有数以亿计的恒星，在宇宙中有数以亿计的类似我们的银河系。简单的概率指出：必然存在许多可以居住智能生命形式的行星。"有的科学家估计在银河系中存在着一万个文明世界。科学家们成立了不少的研究机构，研究搜索宇宙中的智慧生命和不明飞行物。虽然，他们的努力至今没有取得真正的突破性成果，但科学家们信心十足，"我们知道自己能够取得成功，但是究竟何时方能成功则并非取决于奇迹或幻术，而是取决于我们自己的能动性。"

《科学与怪异》一书的作者都是各个领域的权威人物，他们对当今世界上流行的一系列"怪异"说法提出自己的见解和评论。这对于被流行的迷信所困扰，被超常所迷惑的人们来说，无疑是最好的解脱。同时，他们也大大稳固了受到威胁的真正科学的地位。

现在不仅在美国，在世界的其他地方人类都受到各式各样的伪科学的影响。因此这部书的出版具有世界意义。

## 三、作者生平

《科学与怪异》一书是由美国多位著名学者联合写作的。这些作者们都是久负盛名的学者，"前言"的作者保罗·库尔茨介绍说："他们的态度是严肃的，从不轻率表态。例如威廉·诺伦博士曾潜心研读'心灵愈合'，他曾前往菲律宾去接受一位'心灵外科医生'的'手术'；卡尔·萨根作为一位天文学家，十分注意伊曼纽尔·维利科夫斯基的理论，并参与美国科学家促进协会筹划召开的辩论会，探讨维利科夫斯基的理论；马丁·加德纳多年来专门研究灵学；知名的天文学家乔治·阿贝尔结识了一些占星术士，和他们一起工作，就他们的见解进行讨论；菲利普·克拉斯是研究飞碟的权威之一，他深入现场，检验过所谓的'目击'；拉里库什仔细地分析过关于百慕大三角的资料。"从他的介绍中我们就可以相信，这本书有极高的权威性，我们完全可以相信这些科学家们的科学结论。下面我们逐一对这些科学家进行简要介绍。

乔治．O．阿贝尔，洛杉矶加利福尼亚大学天文学教授。1927年出生于洛杉矶地区，在当地读完了中学。之后在美国空军短期工作，进加州理工学院学习，获学士、硕士学位。1957年获博士学位。后一直任教于加州大学洛杉矶分校。期间受邀任慕尼黑物理和天体物理学马克斯—普朗克研究所特邀学者、爱丁堡皇家天文台特邀教授。研究对象是密集星系团、宇宙宏观结构以及和宇宙学有关的其他问题。1983年因病逝世。他写作了本书的"引言"、"占星术"、"月疯症"部分。

巴厘·辛格，美国长滩加利福尼亚大学心理学教授。心理学学士、实验心理学博士。1978年曾任新西兰梅西大学特邀教授。他主要研究人类性行为、科学心理学、犯罪学、超自然信念等。他和阿贝尔一起组织邀请了许多学者对超自然问题作了一系列报告，结集出版后就是《科学与怪异》一书。他和阿贝尔写作了本书的"引言"、"论双重标准"、"基尔里安摄影术"部分。

保罗·库尔茨，纽约大学布法罗分校哲学教授。1925年出生于新泽西州的内沃克。青年时期到军队服役后到纽约大学和哥伦比亚大学学习，1952年获博士学位。曾在多所学校任教。1956年到布法罗分校任教。他的研究方向主要是伦理学和行为科学。曾任美国人文主义者协会理事和《人文主义者》杂志编辑。1976年推动成立"超自然现象科学调查委员会"并一直任该委员会主席。他写作了本书的"前言"部分。

丹尼尔·科恩，美国自由作家。1936年生于芝加哥。曾在芝加哥伊利诺斯大学新闻学院就读。在《科学文摘》编辑部工作9年，之后成为自由作家。他已写作60多本书，多为关于超自然现象的题材。他的书教育年轻读者对超自然问题持客观态度。他写作了本书的"怪物"部分。

阿瑟．W．高尔斯顿，著名的植物生理学国际权威。1920年生于纽约，先后在康奈尔大学和伊利诺斯大学学习，1943年获博士学位。1955年起任耶鲁大学植物系植物生理学教授。曾任美国植物生理学会和美国植物学会主席，获多项全国性和国际性荣誉和奖励。1971年访问中国，是访问中国的第一位美国科学家。

克利福德．L 斯莱曼，耶鲁大学生理学副教授。1936 年生于俄亥俄州芒特弗农，先后在凯尼恩学院和洛克菲勒大学学习，1963 年获博士学位。曾在英国剑桥大学、克利福兰西部预备大学任教。在学术界十分活跃。

阿瑟．W. 高尔斯顿和克利福德．L 斯莱曼联合写作了本书的"植物的敏感性和感觉"一文。

马丁·加德纳，1914 年生于美国图尔塞，1936 年获芝加哥大学哲学学士学位。曾任《图尔塞民友报》记者和《矮胖子》杂志的编辑。1957 年起为《科学美国人》撰写一系列脍炙人口的文章。1978 年获布克耐尔大学名誉博士学位。他写了本书的"心灵学与量子力学"一文。

塔雷克·哈利尔，迈阿密大学工业工程学、生物医学工程、流行病学和公共卫生学教授。1969 年获博士学位，1974 年起在迈阿密大学任教。曾获克拉夫特奖和美国工业工程师学会人类工程学奖。

查尔斯·库鲁茨，迈阿密大学管理科学和工业工程学副教授。1940 年生于纽约州布法罗城。1969 年获纽约州立大学博士学位。1968 年起在迈阿密大学任教。

塔雷克·哈利尔和查尔斯·库鲁茨合作写了本书的"生物节律"部分。

雷·海曼，美国俄勒冈大学心理学教授。波士顿大学毕业，获约翰斯·霍普金斯大学硕士和博士学位。曾被授予富布赖特奖学金。他写作了本书的"科学家与心灵研究"部分。

艾萨克·阿西莫夫，世界著名科学家和科普作家。1920 年出生于俄国彼得洛维奇，1928 年入美国国籍。1948 年获哥伦比亚大学生物化学博士学位。获得过多次科学奖励。他写了本书的"微妙的差别"部分。

罗纳德．K. 西格尔，社会学学士、心理学硕士、哲学博士。1943 年生。1970 年起在洛杉矶加利福尼亚大学任教。写过大量科学作品，还是诗人、动画片作家和马拉松运动员。他写了本书的"死后有灵"部分。

威廉．A. 诺林，医学博士，美国明尼苏达州利奇菲尔德市密克尔医院的外科主任。1928 年生于马萨诸塞州霍利奥克市。1953 年获塔夫特医学院医学博士学位，1960 年到奇菲尔德工作。他写了本书的"巫术疗法"部分。

詹姆士·兰迪，著名魔术师、美国"超常现象科学调查委员会"的创始人之一。长期担任超常说调查人。他不相信超常能力，利用自己的魔术专长揭露超常绝技中的简单的魔术手法。写了本书的"科学与超常现象"部分。

卡尔·萨根，康奈尔大学天文学与空间科学教授。1934年生于纽约。1956年获芝加哥大学博士学位。曾在美国多所著名大学任教，在行星研究和美国空间计划研究中起重要作用。写作了本书的"《碰撞中的世界》析"部分。

E. C. 克鲁普，洛杉矶格里菲斯天文台台长。1943年生。曾就学于加利福尼亚大学，1972年获天文学博士学位。对古天文学、时尚、神话和伪科学进行过广泛的研究。他的《古天文学探索》一书曾荣获1978年美国物理研究所、美国钢铁基金会最佳科学作品奖。写作了本书"重新认识过去——威灵的金字塔、沉没的陆地和古代太空人"部分。

拉里·库什，亚利桑那州坦佩人。著名飞行员。对百慕大三角神秘失踪事件十分感兴趣，长期搜集了有关资料，并亲自按传说中飞机失踪的路线在百慕大上空飞行。他的研究证明百慕大三角是"虚构之谜"。写了本书的"百慕大三角"部分。

菲利普.J. 克拉斯，美国《航空周刊和宇宙技术》杂志的航空电子学高级编辑。1941年毕业于衣阿华州立大学电机工程系。著有《不明飞行物浅析》等畅销书。写了本书的"不明飞行物"部分。

弗兰克.D. 德雷克，1930年生于芝加哥。1952年毕业于康奈尔大学，获理学士学位。后人哈佛大学学习，获天文学博士学位。1976年成为康奈尔大学天文学教授。他写了本书的"宇宙中的智慧生命"部分。

菲利普·莫里森，美国麻省理工学院教授。1915年生于新泽西州萨莫维尔。1940年在伯克利加州大学获博士学位。曾在多所大学任教，近年的研究兴趣集中于现代天体物理学中引起争论的问题。写作了本书的"正确地认识奇异事物的起因"部分。

# 霍金等：《未来的魅力》

## 一、成书背景

每个人都在憧憬着未来，但未来的世界究竟是什么样子，恐怕谁也说不清楚。科学家对未来的预测似乎更能使人相信。果真如此吗？还是让我们来聆听霍金、斯图尔特等大名鼎鼎的科学巨人的"金口玉言"吧！

许多人都非常认真地思考过，是否要预测未来这个问题。在某种意义上说，这个未来将会比过去远为复杂。因此，对未来进行精确的预测和精心计划比任何时候都更有必要。然而预测绝不可能明确肯定，也不可能完全正确。

从更为严肃和有趣的方面来看，预测并不是一个简单的概念。我们如何预测，为什么预测，谁是预测人，我们期望他们预测什么——所有的这一切都在某种程度上不仅依赖于一定的意识形态和实用主义的各种思想，而且还要依于我们所生活的社会类型。即使是像预测这样的基本概念也不是存在于真空中的。预测附属于许多其他概念，而这些概念又系统地结合在一起，构成了社会思想的主要内容的组成部分。

预测未来的过程并不总是同样的。在不同的社会和不同的时代，事情也是不同的，预测的概念具有其自身发展的历史。今天，得到普遍承认的专家在科学理论和实验观察的基础上对经济、自然环境、医学，甚至宇宙的可能变化等方面的未来进行预测。过去，预言家、教士、占卜者和依据彗星预测未来的术士们，根据宗教思想和传统的权威人物预测未来。这些人并没有做什么与预测未来有关的事情，而是试图将现在所发生的事情与过去的事情相互联系。这并不是因为没有发生什么变化和进步，而是因为他们不承认这些变化，这些变化被解释为他们早就知晓的新奇现象。

在《未来的魅力》这本书中，霍金预测了整个宇宙变化的两种可能性，即要么继续无限膨胀，要么出现"大洲聚"；斯图尔特探讨了自然和混沌效应；哈恩则探讨了经济学的预测作用。总之，人们认为自己其实是在以一种线性的、动态的方式，从已知的过去向未知未来发展。

## 二、内容简介

《未来的魅力》（Predicting the Future）的英文版由1993年剑桥大学出版社出版。中文版由江苏人民出版社1998年推出，编入《剑桥文丛》。中文版译者李大光，中文版字数14.8万字。

全书共分9个部分，分别是引言；科学家预测未来；宇宙的未来；混沌；彗星与世界末日；预测经济；尖端医学给我们带来的难题；远古时期对上帝神旨的讨论；佛教的预测；未来将多么开放；最后的审判。

1. 宇宙的未来

在古代，预测未来是预言家和女巫的事。有一次，吕底亚国王克罗伊斯问预言家，如果他进攻波斯会有什么样的结果，回答是：伟大的王国将毁灭。克罗伊斯认为伟大的王国指的是波斯帝国，但事实上，他自己的王国毁灭。他自己则被放置在柴堆上被活活烧死。看来，真正的技巧在于解释。

当然，科学预测可能并不比占卜者和预言家的预测更可靠，人们必定会想到天气预报的例子。但是，我们认为，在某些情况下，我们能够作出比较可靠的预测，宇宙未来的预测在很大的程度上就是其中的一个。

天文学家观察到，其他星系正在离我们向远处运动。它们离开我们越远，运动的速度也就越快。这就是说，宇宙在我们的附近膨胀。各个星系之间的距离随时间的推移在增大。

我们还观察到来自外空的微波辐射的背景，这种辐射被认为是宇宙热早期阶段遗留下来的。我们可以推断，其他任何星系的各个方向的背景都是相同的。如果宇宙的平均密度和膨胀率在任何地方都是一样的，那么，这种推断的可能性是存在的。在很大范围内，平均密度或膨胀率出现任何变化都会使微波背景在不同的方向发生变化。这就意味着在很长的时间阶段里，宇宙的行为是简单有序的。因此，我们可以预测宇宙很远的未来。

如果宇宙的平均密度小于临界值，宇宙将不会再坍缩，但是将永远继续膨胀。一段时间之后，密度将变得很低，引力对于减缓膨胀将不会有重要的影响力。星系将继续以匀速分离。

永远膨胀的宇宙未来令人感到厌烦。但是，我们并不能完全确定宇宙将永远膨胀。我们有确切的证据证明，只要有 1/10 的密度就能使宇宙发生坍缩。其主要原因是宇宙膨胀速率的临界密度非常不稳定。早期临界密度的偏离随宇宙的膨胀而不断加大，如果宇宙密度在大爆炸后一秒钟大于 1 万亿分之一，宇宙在 10 年后就会产生再坍缩。

在非常长的时间段里，宇宙大规模的行为似乎是简单的，也是有序的，因此人们可以预测宇宙将永远膨胀，还是最终将产生再坍缩。这完全取决于当前宇宙的密度。

2. 在混沌中寻找规律

数学家总是幻想解释自然。有些人甚至认为数字模型能解释我们宇宙所有的现象。但是，科学有强调自己的成功和掩盖失败的习惯。

混沌是什么？它是发生在完全确定的系统内的高度复杂、无序、几乎是随意的行为。这项革命的新发现变成了几个世纪以来厨师们所熟知的事情，不断重复、不断揉捏的翻转将所有的东西掺和到一起。这个掺和过程的最终结果，即动力作用形成的多层点心，竟然如此复杂，以至于用一个简单的公式是完全不能解释的。

数学家研究方法中的两个重大改变对于发现混沌具有关键性的意义。在理性思维方面，要求脱离公式，转向几何思维，从量转向质。但是只有质的结果并不总是非常有用的，必须发现传统公式的一些量的替代作用。这个问题被新技术解决了，这就是具有巨大存储功能和能制作精确图形的速度很快的计算机的发明。按照解释未来状态和用数字表列出结果的程序，我们用计算机能够解开这个方程式。

混沌的发现对从事科学实验的人表述数据的方式具有深刻的影响，并在实践中得到了广泛的应用。

### 3. 彗星与世界末日

彗星一直就是模糊不清的神迹，使得智力超群的人们倾力对它们进行各种解释。不知怎么的，欧洲人学会了不再忧虑，开始相信天文学家。在这个过程中，传统和现代文化之间产生了巨大的分离。

早期现代欧洲怀着诚惶诚恐的和惊惧万分的心情看待彗星，他们并不是简单地认为彗星是传统的上天红字警告，而是认为彗星真的会对地球造成物理威胁。

天文学大师开普勒认为，彗星是上帝恩惠的神迹，它虽不预示地球上将有特殊事件发生，但却是这个世界将要终结的警告和新世界诞生的预兆。甚至连牛顿也认为，彗星的运动是变化不定、不可预测的。过了很久，牛顿才改变了自己的最初想法。在与哈雷、弗拉姆斯蒂德之间的激烈辩论中，牛顿终于认识到彗星的轨道有可能是椭圆形的。

与此同时，牛顿还认为，彗星在宇宙中和地球的生命历史上具有特别重要的意义。如果彗星撞到地球上，地球可能会发生大火甚至毁灭。

在牛顿的思想体系中，观测学与彗星学是紧密联系在一起的。应当引起人们注意的是，当前关于世界万物末日的热门话题，包括东方国家的宗教战争和英国经济的崩溃等适时发生的灾难，仍然没有脱离彗星预测的影响。

### 4. 预测经济

所有的理论都有预测内容，经济学理论也不例外。在更普遍的情况下，经济学家必须依靠统计结果。

许多年前，弗利德曼建立了一个绝妙的理论，按照他的理论，那些收入有变化的人比收入变化较少的人的存款要多。然后，他将这个理论用典型分析的方法进行分析，即在同一天对各种人的存款行为进行比较。这使他分析出影响存款的其他因素——比如利率的变化等，这需要连续的调查才能得出结果。他发现，他的预测理论是正确的：非固定收入的农民的存款率一般高于医生，黑人工人一般高于白人工人。当然，这些调查结果不像物理实验的结果那样确定和准确。

经济学家在观测过程中认识到，在经济的诸种变化因素之间有普遍的相互依赖的关系。比如，钢琴的价格会影响人们对电视机的需求量，因此也影响到电视机的价格，随即也会影响电影的上座率等。

简单地讲，经济理论告诉我们，任何商品的需求和供给不仅依赖于其本身的价格，还依赖于其他商品的价格。在"其他商品的价格"中，应该将未来的休闲价格（即工资）和未来商品价格包括在内。

理论在观测方面的能力，对于理解理论所涵盖的那部分世界的理解，似乎既没有必要也不是一个必需条件。大量的"谬论关联提供了不充分的可供理解的证据。比如有位经济学家发现，苏格兰的软骨病的发生率与价格水平有关，与货币总量关系不大。因此，我们如果能观测软骨病，我们就能观测价格水平，但是，为什么会有这个结果，却是非常神秘的难解之谜。"

不管怎么说，在观测方面还是有成功的可能的。经济学家常说，一定政策会得出与政策目标接边的结果。这是预测，而且是很有用的预测。当我们进行更长期的观测时，经济学就是评估政府选择的政策的十分有效的工具。

5. 尖端医学给我们带来的难题

尖端医学和每天由尖端医学所带来的新的法律和道德的难题主要有四个：一是在不久的将来，有可能出现对大量的无性生殖和单性生殖所产生的混乱进行检查的事件。二是有可能将植物人视为死亡，以便获取他们的器官。三是医疗资源的缺乏导致价格过于昂贵和出现几乎是无限制的需求现象。四是受到全球变暖、革命或战争威胁的数千万计的人为得到基本医疗而移往西欧国家。

这些都是十分难以解决的问题。不仅出现在发达国家，也出现在发展中国家，对这些问题，我们能够作出什么预测呢？

如果未来的发展受到生物伦理学的影响，那么未来的发展状况首先取决于长期以来的斗争结果是否会获得新的生命。任何人也没有权利要求我们将十分缺乏的资金去购买昂贵的药品和雇佣人员，去治疗那些根本就不可能照料自己的智力障碍者。如果一个人有遗传疾病，－那么就应该公之于众，任何人都没有权利保守将会给同胞造成巨大影响的秘密信息。

在英国，已经仓促地推出了一些法律来应付尖端医学带来的挑战，如代人生育协约法、人工授精和胚胎学法、数据保护法、查询医疗报告法等。可以预测的是：未来生物伦理方面的权利是通过权利形式表现，具有法律形态的公共政策实现和保证的。

6. 宗教中的未来世界

基督教相信，上帝是按照自己的时间表创造世界和人类的，对本来世界的安排都在一本圣经中清楚地表述出来。

人们习惯采用占星术来对未来进行预测。占星术认为天体纯粹是物质的，这种对行星的认识在当时流传得十分广泛。

在基督教的教义中，列举了基督教鼻祖们的种种预测，清楚地说明了这个世界的现实状态和未来状态。这两种状态都是上帝事先设定的，存在于现世的相互联系之中。

没有人的自由意志就没有道德责任，也就没有最后的审判。根据教义，死去的人都要出现在上帝主持的法庭面前接受最后的审判。有罪的人被交给了魔鬼，然后送到地狱去接受折磨；无罪的人则被天使接入天堂。

佛教的观点与基督教完全不同。佛教是一种灵魂拯救说。它关心的是个人的微观世界，而对宏观宇宙没有什么兴趣。

佛教认为，作为容纳物的世界的未来是被广泛确定了的，甚至是已经预测到了的，但是这个预测到的未来与最有可能对我们产生影响的事情无关。宗教的核心不是神学，而是经历，是受磨难的经历，对某些人来说，是拯救灵魂的经历。

预测未来是一件激动人心的事情。《未来的魅力》中的几位科学家以其独特的眼光，全方位地向人们描绘了从宇宙到宗教、从经济到尖端医学等方面的未来图景，以及预测的手段与方法，并对它们作了严谨的科学剖析。

正如本书的中文译者所评论道的："从占卜术、神旨预言到软件模拟，从远古时代到电子时代，《未来的魅力》展示了人类超越现代、放眼未来、渴望能够控制未来事件的不可抗拒的欲望。"

虽然观测仍然是不确定的事情，但对于当代的人们却不无启示意义。

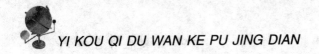

## 三、作者生平

《未来的魅力》是由剑桥大学、伦敦国王学院、牛津大学和沃维克大学的9 位教授合著的。其中主编莱厄·豪是剑桥大学社会人类学讲师、达尔文学院研究员。主要作者斯蒂芬·霍金是剑桥大学教授；艾恩·斯图尔特是沃维克大学数学教授；西蒙·夏福尔是剑桥大学科学哲学和历史教授，达尔文学院研究员；弗兰克·哈恩是剑桥大学经济学教授，丘吉尔学院研究员；艾恩·肯尼迪是伦敦国王学院法学院院长、医学法律和伦理学教授；阿弗里尔·加莫罗是伦敦国王学院古代晚期和拜占庭研究教授；理查德·戈姆布里奇是牛津大学伯登梵文教授；唐·库比特是剑桥大学 EMMANUEL 学院院长、宗教哲学大学讲师。